아름다운 소란

아름다운 소란

구연배 제10시집

| 自序 |

쓰는 일보다 퇴고가 몇 배 더 고통스럽다.
힘들고 지루하다.
꿈꾸는 것보다 사는 게 힘들 듯
헛되고 헛된 것 중
시보다 더 헛된 게 또 있을까.
살겠다고 몸부림치다 맞닥뜨린 황혼녘
이름도 소용없고 변명도 필요 없고
달래보는 마음 한줄 시 한줄 그리고 삶 한줄.
달걀 하나로 저녁을 버틴다.
유정란이라 생각하고 넘겼는데 비리다.
슬그머니 헛웃음 난다.
삶이 그렇다. 아나 콘

금마곡 지매실에서

차례

自序

제1부 가을 느티나무 —— 14
가을밤 —— 15
가을비 콰르테 —— 16
걸음마 —— 17
고향의 강 —— 18
경기전 돌담길 —— 20
그리운 은유 —— 21
기차역 —— 22
깻잎김치 —— 24
꽃심 —— 25
눈 내리는 날 —— 26
단추와 버튼 —— 27
물외 향 —— 28
밤중에 먹는 사과 —— 29
백제의 바람 —— 30
비의 소묘 —— 32
소생의 아침 —— 33

아름다운 소란 —— 34
의자 —— 36
쑥갓 —— 38
저화상과 나르시시즘 —— 39
작약꽃밭에서 —— 40
전주역에서 —— 42
절망 끝에도 길은 —— 44
종이배 —— 45
지지 않는 봄 —— 46
직립이 불편하다 —— 47
파도여 파도여 —— 48
촛불 —— 50
파몽 —— 51
항로를 찾아서 —— 52
해빙 —— 53
황혼驛 —— 54
화엄사 홍매 —— 56

제2부 꽃 튀튀 —— 58
꽃샘추위 —— 59
뇌조의 노래 —— 60
눈사람 —— 61
달빛 흘림체 —— 62
달빛 바다 —— 64
달을 스캔하다 —— 65
바다 앞에 서서 —— 66
밤중에 먹는 사과 —— 68
빗소리 —— 69
사북舍北에서 —— 70
선을 넘어 —— 71
선인장 —— 72
소리실 —— 73
영월 주천酒泉 —— 74
위증죄 —— 76
입추 —— 77

자서전 —— 78
장마전선 —— 80
적멸보궁 —— 82
자발적 고문 —— 84
조약돌 —— 85
지는 꽃 —— 86
진신사리 —— 88
종점 —— 90
첫눈이 오면 —— 91
침묵 사랑 —— 92
춘분 —— 94
콩깍지 —— 95
통증에 대하여 —— 96
해무 —— 97
회복탄력성 —— 98
흐르는 바다 —— 100

제3부 가을장마 —— 104
가을 소회 —— 106
건강한 이별 —— 107
균형과 비례 —— 108
꼬리에 대한 고찰 —— 109
꽃시 —— 110
나팔꽃 —— 111
달을 읽다 —— 112
뒤안길 —— 113
무음 설정 —— 114
밀화부리 —— 115
박주가리 씨 —— 116
봄비 —— 118
산정의 샘 —— 119
상스런 사랑 —— 120
새해 아침 —— 121
손맛 —— 122

시금치 비빔밥 —— 124
아름다운 통증 —— 125
여름 새벽 —— 126
오지 —— 127
우수 —— 128
울적한 날엔 역전에 간다 —— 129
잉여인간 —— 131
입춘 —— 133
젖은 구두 —— 134
추분 —— 135
추억을 낚다 —— 137
카톡 —— 138
폭설 —— 139
푸념 —— 141
한 잎의 삶 —— 142
햇볕 좋은 날 —— 143
흔적 —— 144

| **평설** | 인공지능의 물질문명시대와 '번뇌즉보리'의 대승사상
  – 김광원(시인·문학평론가) —— 145

제1부

가을 느티나무

삼백 살 느티나무
단풍드는 것 좀 봐

잎마다 연지곤지
붉은 루즈를 칠한다

연두 피던 봄보다
설레는 나무

촛불 앞에 신부처럼
하현달 아래 스르르 옷 벗고
나목이 되겠지

겨울 밤
흰 눈을 덮고
흐엉흐엉 소리 내며 들썩이겠지.

가을밤

달빛이 안개처럼 내리는 밤
앞산마루 오솔길에
고라니 울음소리 들리고
적요한 언덕
찬이슬 소리 없이 젖는다.
달빛 따로 별빛 따로
만날 수 없는 밤하늘 얼마나 멀까
몇 광년 달려온 빛을 받고 싶어
마당에 섰는데
출렁이는 바다에 떠있는 듯
꼬리치는 생각들만
치어 떼처럼 몰려든다.

가을비 콰르테

점점 어두워지는 아침
구름 커튼을 치고 비를 뿌린다.
잎은 지고 없어 바람은 잔잔하고
마당에 작은 웅덩이마다 빗물 고인다.
누가 씻는지 샘처럼 맑다.
꽃잎처럼 날아와 잠기는 감잎
하룻밤 자고나면 단풍 茶가 되겠네.
나뭇잎 후두두 빗방울 털고
억새는 목을 수구려 찬비를 피하고
모과는 넉살좋게 웃고
담장 너머 흑장미
짙은 루즈는 누가 빨아먹는지
환할 때 입술과
어두울 때 입술이 완연히 다르다
가랑잎 두드리는 빗소리
심장을 울리는 천상의 콰르테다.

걸음마

낙엽을 밟아도
소리 나지 않는 걸음으로
눈길을 지나갔다

얼마나 시렸을까
흔들림 없는 노루 발자국

짐승도 저리 반듯하거늘
똑바로 걸어갈 수 없는
어지러운 걸음

눈발자국 겹쳐 걸으며
마음 되잡는다.

온종일 다시 시작하는 걸음마다.

고향의 강

강물에 띄워 보낸
유년의 꿈
어디로 흘러갔을까

길이 끝난 곳까지
고향의 강
구비 치며 흐르고

소나비 떨어지는 날이면
개여울 소리
귀청을 열고 밀려드는 것인데

부끄러운 몸을 씻겨주던
앞강 뒷강
어디로 흘러갔을까

달빛에 숨어
멱 감던 아이들을 부르며

지금도 돌 속에 알 슬어놓고
황새목 여울에서 불무태기가 운다

동무들아
구량천 물소리 채집하러 가자
그래야 강도 울음을 멈추고
저도 살고 물고기도 사는 바위를 품어
천년이고 만년이고 고향을 지키지 않겠나

물빛 휘감아 산을 돌며 흘러가지 않겠나.

경기전 돌담길

경기전 돌담 반듯하기도 하지.
나무는 울창하고 흙 마당 따뜻해
걸음마다 이야기를 건넨다.
어진 마루 처마는
전주천 물소리를 듣고 싶은지
담장 너머까지 쫑긋쫑긋 귀를 세우고
조선은 사라지고 없으나
그 왕손 역사에 또렷이 기록됐으니
그 정신 그 얼 어디 숨기랴.
다시 일어설 그날을 위해
담조차 반듯하고 단정한 경기전 둘레길
흔들리는 걸음 바로 잡고
새날 새 바람 새 마음으로
全州여!
이 나라 듬직한 田主가 되라.
온 백성 살리는 錢主가 되라.

그리운 은유

약으로 안 듣는
독한 고뿔이나
온 삭신이 쑤실 때

고향 집
펄펄 끓는 아랫목에 누워
등짝을 지지고 나면 거뜬해지듯

어떤 말도 위로가 되지 않는
서글픈 쓸쓸함이나
쓰디쓴 괴로움 끓어오를 때

엄마 같고 고향 같은
당신께 기대
마음 지지고 싶다

그런 간절한 은유가 내 몸에 산다.

기차역

기차 하나 떠났을 뿐인데
플랫폼도 대합실도
불 꺼진 난로처럼 썰렁하다

기다림엔
종기처럼 부풀어 오르는 설렘이 제격인데
오늘은 여기까지
영하의 어둠이 손 시리다

기차 하나 들어왔을 뿐인데
장의자 바닥이
불 맨 구들처럼 따뜻하다

누가 오는가
이마를 짚어주는 손길처럼
오늘은 여기까지
백열등 불빛 바라볼수록 뜨겁다

기차역엔
떠났던 사람들이 돌아와 꿈꾸는
그리움이 산다

풍어를 쫓는 파시 같다.

깻잎김치

들깻잎 노랗게 물들면
아버지는 밤을 치고
어머니는 마늘을 깐다

햅쌀밥에 깻잎김치

들깻잎 말갛게 단풍들면
나는 밤을 치고
아내는 마늘은 깐다

깻잎김치에 햅쌀밥

꽃심
– 지지 않는 봄

봄은 갔지만
모란 꽃그늘은 남았습니다.
아름다운 날이 되어준 그 꽃을 기억하는 일
모란 그림에
지지 않는 봄이 걸렸습니다.

눈 내리는 날

허공을 꿰매는 실밥처럼
궤적을 그리며 내리는 눈송이.
바람 귀에 꽂혀
감쳤나 싶으면 꿰고
건너뛰나 싶으면 이어져
눈 쌓인 지경이 볼 적마다 넓어진다.
분분한 눈송이들
봄 나무 가지에 붙는 매화꽃 같고
풀밭에 내려앉는 흰나비 같은데
떠먹고 싶은 적요의 빛
포근하고 얌전하다.
조심성 많은 짐승들도 마음 놓고
발자국을 찍는 눈밭의 평화
그래서 눈이 덮이면
바위의 침묵도 이야기가 된다.
눈 쌓이는 소리가
연필로 쓰는 손 편지처럼 들려오는 밤
눈 그치면 푸른 별 떼 지어 뜨겠다.

단추와 버튼

딱단추 같은 눈으로
나를 바라보는 그대

옷이 채워지듯
마음이 채워진다

단추와 버튼

봉인된 가슴
버튼 켜놓고 그리움 익히는 중

운명은
당신만 아는 비밀번호다.

물외 향

물외 한 입 베어 문다.
아삭 소리 내며 씹히는 향기
신선하고 상큼하다.
술래를 속이고
콧김을 휘날리며 흩어지는 아이들 같이
사방으로 퍼지는 물외 향.
부패를 거부하는 향기는
자유를 꿈꾸는 존재의 꽃이다.
세포의 정신이다.
햇빛과 바람을 발효시킨
줄기의 푸른 힘
물외를 먹는다.

밤중에 먹는 사과

한밤중에 먹는 사과 한 알
과즙에 배어나오는
생각을 따라 가본다

이브를 넘어뜨린 꼬드김
색일까 향기일까

꿈틀대는 뱀처럼
원죄의 판결로 기어 나오는데

정직하게 받아 적는 비유가
시고 순수라면
오늘밤 시어는 모두 금단의 언어

지혜는
유혹을 거부할 수 없는 달콤한
명령어가 된다.

백제의 바람

내가 사는 곳이
옛 백제 땅이라고 칭송하고 우러르지만
나는 잘 모르겠다.

그보다는
일본에 갔을 때마다
아직기 왕인 법륭사 아스카문화 등등
일본이 더 백제를 흠모하고
앙모하는 풍속이 있어
우쭐하기는 했다만

예전이 아니라 앞으로 나가는
의기가 펼쳐지면 좋겠다.
타국에 진출하고 문명을 떨친
백제의 기상을 이어받은 후손으로
민족 번영의 부싯돌이 되면 좋겠다.

백제의 혼이

백성의 혼으로
전라의 정신이
나라의 정신으로 타올라
대한의 봉화대가 되면 더 바랄 게 없겠다.

그날의 바람을 잊지 않고 산다.

비의 소묘

빛도 무거우면
비가 되는가

마음이 무거우면 눈물이 되듯이

간절하면 고이는구나
대지를 두드리는 빗소리
잠든 강을 깨운다.

소생의 아침

나의 하루는
당신이 보낸 시로 시작된다

몇 줄의 짧은 문장으로
말문이 트이고
심장이 뛰고
정신의 동산에 해가 떠

지리멸렬한 生의 욕구들이
꽃처럼 핀다.

아름다운 소란

사람은 사람끼리
짐승은 짐승끼리
저들만의 언어로 소란하다.

숲에 가보아라

나무는 나무끼리
풀은 풀끼리
해 뜨면 해를 잡고 바람 불면 바람을 잡고
지금 여기에 인연을 껴안고
고요를 잉태하고 있다

소동이 아니다
불통의 고함이 아니다
고요는 이종의 마음들을 이어주는 자연어

나비를 부르는 꽃의 합창
짝을 찾는 새들의 노래

이 아름다운 소리로 맑게
세상은 눈부셔간다

소란이 달콤한 밀어로 들릴 때
당신도 세상의 한 부분으로
당당히 반짝일 것이다.

의자

기울기를 허락하지 않는
반듯한 기다림

한결같이 서 있음에도
늘 앉아있는 것처럼 보이는 의자
그래서 그리움은 반듯할수록 외롭다

엉덩이를 깔고 앉아
마음 내려놓고
깊은 숨을 내쉬는 사람

위로란 묵묵히
삶의 무거움을 들어주는 것
들숨과 날숨 나란히 쉬게 하는 것

의자

흰 눈처럼 모여 겨울밤

온기가 되고
어두운 공간에 둘러앉아
애환의 띠를 풀어주는 둥지가 된다.

쑥갓

눈 내리는 날
쑥갓 하나 무쳐놓고
점심을 먹는다

초록향

生의 겨울이
맛깔스런 그리움으로 향긋하다.

저화상과 나르시시즘

자화상은
나르시시즘의 극치

좋아하는 사람을
마음에 품듯
너무나 사랑하기에 박제해버린
지극한 자기애

두 얼굴은 슬프다

슬퍼서 사랑하고
사랑해서 놓아주고 싶지 않은
페르소나

바람도 경의를 표하며
제 마음을 떼어주고 간다.

작약꽃밭에서

나는 너를 작약(作約)으로 읽는다

이루지 못한 언약
얼마나 많이 괴로웠나

봄을 어긴 적 없는 꽃

혁명을 부르짖다 붙들려
단두대에 목을 집어넣고
없는 죄를 청하는 슬픈 전사처럼
떨어진 꽃잎 필 때보다 더 붉다

약속을 어겨
지금껏 용서받지 못한 잘못
올봄도 그 부끄러움
작약밭에 심었다

예쁜 약속 하나 갖지 못한

가난한 사랑
그 잘못이 실로 크니

작약꽃밭에서
피 묻은 파약破約을 생각한다.

전주역에서

기차 하나 떠났을 뿐인데
플랫폼도 의자도
불 꺼진 난로처럼 썰렁하다

떠날 때는
대책 없이 부푼 설렘으로 뜨거운데
희망은 여기까지
영하의 어둠이 손 시리다

기차 하나 돌아왔을 뿐인데
대합실 벽도 바닥도
불맨 안방처럼 따뜻하다

돌아올 땐
손 잡아주는 편안함이 제격인데
소망은 여기까지
백열등 불빛 바라볼수록 눈물이다

전주역엔
행복을 찾는 사람들이 꿈꾸는 금빛
그리움이 산다

풍어를 쫓는 파시 같다.

절망 끝에도 길은

지평선이 불타버린
광막한 황무지
별도 길을 잃고 흔들리는데

폐사지에 남겨진
목련 가지에
경전 같은 봄볕이 흐드러진다

어둠을 털고
신생의 아침이 눈을 뜨면

건반을 두드리듯
이명을 벗 삼아 부르는 갈대밭
바람의 노래

신기루 걷히고
절망 끝에도 길은 열린다.

종이배

나는 당신
가슴에 떠 있는 종이배

바람 불면 바람을 잡고
파도치면 파도를 잡고
흘러갈 뿐 서있지 못한다

물결은 마음을 흔들고
수심 밖으로 밀어내는데

넘어지지 않으려고 버티는
안간힘의 기울기가
저 바다로 나를 싣고 가는
그리움의 푯대다

당신을 흘러가는 나는
마음도 무게도 가질 수 없는
하얀 종이배.

지지 않는 봄

봄은 갔지만
모란 꽃그늘은 남았습니다.
아름다운 날이 돼준 그 꽃을 기억하는 일
모란 그림에
지지 않는 봄이 걸렸습니다.

직립이 불편하다

보약 먹는 셈치고
등산 갔다

무릎은 시지
숨은 가쁘지
장딴지는 땅기지
땀은 퍼붓지

앞으로 십오도 허리 숙여
하나 둘 하나 둘

산도 생도
고지가 저긴데
직립이 불편하다.

파도여 파도여

바람을 타고 떠내려 온다

더 이상 갈 곳도
숨을 곳도 없는 바다를 주름잡는 파도는
자유를 사랑한 보헤미안
재갈을 거부하는 야생마다

울어라
울부짖어라

너를 가둔 바다
검푸른 심장이 항복할 때까지
너를 홀대한 바람
시시한 소문이 사라질 때까지
두드리고 부셔라

숙명은 없다

내 안의 파도
성난 맹수처럼 밀치며 달려들 뿐
그러나 꺾이지 않는 무릎으로
바다를 건너리라
끝끝내 건너 주리라.

촛불

촛불을 켰다.
연기 없이 타는 어둠 냄새
고향 물비린내 같다.
창문은 닫혀 있고 바람은 없는데
까무룩이 흔들리는 불꽃
겉불 속불 꽃잎처럼 나풀거리고
푸르스름한 꽃심이
솜털을 뒤집어쓴 연둣빛 꽃망울 같다.
따뜻한 적요!
그래서 촛불을 켜면 봄이 느껴지나 보다.
돌개바람 불면
문고리를 잡고 봄을 예감하듯
심지를 싸고 흔들리는 불꽃을 보면
생각하는 것마다 꽃이 핀다.
아이의 언 손가락 같이 살갑게
꼬물거리는 촛불
어둠을 찍어
봄날을 약속한 당신께 연서를 쓴다.
부디 돌부리 없는 꽃길이시길.

파몽

섣달 긴긴 밤
밤늦도록 책을 읽다 나도 모르게
책상에 엎드려
한소끔 곤히 잠들었다 깼는데
침 흘려 젖은 지면이
볼때기에 붙어 따라왔다.
구멍 난 지면을 때우려고
사라진 글자를 찾아보니
破夢!
콕 찍어 낙점된 실명사
올해 화두로 삼고자 한다.

항로를 찾아서

허공 위에
항로가 있는지
비행기가 지나간다

뽀얀 먼지를 일으키며 달리는
신작로 버스처럼
흰 연기를 내뿜으며 날아가는 비행기

조용한 동네가 들썩이고
그 설렘으로
도둑처럼 몰래 버스를 타고 떠났듯이

저 비행기 따라
맑고 가난한 오지로
날아가고 싶다

항로를 찾아서
하늘로 껑충 뛰어올라
가뭇없이 사라지고 싶다.

해빙

당신의 말
한 마디에 풀어지는
얼음 있다

당신의 눈빛
한 줄에 넉넉해지는
가슴 있다

무어라 설명할 수 없는
슬픔과 기쁨
노래 한 소절

당신의 안부
편지 한 통에 꽃피는
봄이 있다.

황혼驛

그리움도 무서워
마음에 빈방 세놓지 않고
닫아 둔 가슴

홍역 옮을까 조심하는 아이처럼
사랑이란 글자만 봐도
읽지 않고 넘겨버린 청춘 노트

혼자 늙고 싶은 사람
누가 있으랴
사랑을 세일하는 시대
세월은 오늘도 쾌속인데

돌비석도 쪼개는 시간
꼿꼿한 허리에 녹이 슬어
타는 놀 바라보며 읊조리듯 흐느낀다

좁은 어깨 들썩이며

땅거미에 흡수되는 그림자
맑을 필요 없는 한밤중 깨어
불면증을 꼬박꼬박 챙기고 있다

나를 기다리는 황혼驛
누구나 플랫폼 하나는 가지고 사는데
멈춘 기차가
실성한 화통처럼 고래고래 고함을 지른다.

화엄사 홍매

우수 경칩 지난
화엄사 홍매

동안거 해제를 반기는 스님의
기쁨이랄까 위풍당당 맑다

성냥 꼬투리 같은 꽃망울
더러는 맺히고 어떤 것은 피어
대웅전 앞마당이 환한데

花佛
경전은 몰라도 화엄은 알겠다

붉은 잎
홍매 꽃빛이 석등을 밝힌다.

제2부

꽃 튀튀

꽃이 핍니다
꽃 튀튀
어서 오세요

앞 동네 얼레지 뒷동네 매화
마을마다 뻥뻥

튀튀 치마 들추고
달음박질치는 봄바람
신난 이유를 알겠다

구경은 공짜
꽃가지가 휩니다.
당신 봄날을 책임집니다.

꽃샘추위

꽃나무가
바람을 읽고
꽃필 때를 알아차리듯

생의 봄날이
때를 읽고
늦지 않게 찾아올 것을 믿어라

헛되어 보내도 되는 날이란 없느니

웃음도
울어본 자의 특전
울음은
웃어본 자의 특권

삶이 꽃샘추위다.

뇌조의 노래

진정한 노래는
위로하는 힘이 있다.
들숨이 되어
무릎을 꿇고 가슴을 치며
그렇구나, 그런 것이로구나 하며
같이 울면 힘이고
그리 아니어도 어깨춤 가락이 된다.
숲속의 새
제 흥에 겨워 울지 배워서 울겠나.
내가 나를 다독이며
슬픔도 외로움도 혼자 삭히며
사막의 뇌조처럼
사라지는 것들을 사랑해야지.
저녁놀에 날개를 펴고
모래 산에 올라
무너지지 않는 기억들을 자축해야지.

눈사람

얼굴도 마음도 손마디도 없습니다.
허공을 건너다
죄 없는 발가락 모두 떨어져 나가고
몽당 빗자루 몸뚱어리만
피하지 못한 채 눈을 맞고 비 젖어
기다리는 문 밖에 서 있습니다.
해 진 뒤에야 나타나는 별처럼
무명의 그리움으로 단단해진 몸
녹아내릴 밤이 무서워
오늘일까 내일일까 무너질 억장 걱정에
숯 검댕 눈썹 뽑아버리고
문드러진 코빼기 눈덩이만 통통 부은
맨발의 저녁입니다.
달 돋는 서낭당 동구 밖에
눈사람 장승으로 서 있습니다.

달빛 흘림체

1.
달 끄덕끄덕
뜻 모를 걸음걸이

끝없는 주억거림
한 평생 끄적거린 시답잖은 시

누군가 눈부시라고
체본 쓰듯
달빛 흘림체 받아 적는다.

2.
누가 달빛을 찍어 글을 썼는가
밤새워 어둠을 읽는다

폐기 처리된 어제와

증언만 난무한 오늘

누가 난망한 이 삶을 해결할 것인가

온기 없는 응원에
지치지 않고
주술 같은 희망에 속지 않기를

충분히 아팠고 쓸쓸했으니
해지는 쪽으로 기울어도
아침은 오고
태우지 못한 어둠 저절로 환하다.

달빛 바다

섬이 된 달

바다 어디쯤
적멸보궁 있어
심연의 하늘 길 건너는가

궤도를 이탈한 유성처럼
길을 벗어나면
하늘도 참지 않고 버리는구나

줄넘기 하듯
뛰어올라
수평선에 걸린 달

창문 열고
얼른 모셔 들인다
방안 가득 달빛이 흥건하다.

달을 스캔하다

무의식으로 충만한 밤

달을 높이 들고
징검다리 건너듯 두드려보는 허공
출구 없는 미로를 어떻게 빠져나갈까

사랑을 쫓다
끓는 신열을 앓고
비로소 자경의 삶이 시작됐느니

혼자 힘으로 풀 수 없는
운명의 멱살잡이
어둠에 빠지지 않기 위해

한 번도
같은 표정을 지은 적 없는 빛
달을 스캔한다.

바다 앞에 서서

바다에 서서
물 위에 떠있는 자아를 본다

지의류처럼 깔린 삶이라는 바다
고독의 바다

건너오라는 외침을 듣고도
압정 박힌 인형처럼
걸어가지 못한 슬픈 운명

밀물과 썰물
누구를 끌고 가려고
수만의 파도를 앞세우고 달려드는가

산 채로 굳어버린 망부석처럼
바다에 전하는 결심 하나는
너를 사랑한다는 것

기다려야지.
운명이라면 운명
대결이라면 대결로 물러서지 않겠다는
분명한 투지를 보여줘야지

다시는 얕보지 못하도록
파도 꼬리를 밟고
숙명의 바다를 잠재워야지

묘망한 바다
길 없는 수평선 표지판이 되어야지.

밤중에 먹는 사과

한밤 중 사과를 먹다
과즙에 묻어나오는 생각을
따라 가본다

이브를 넘어뜨린 꼬드김
색일까 향기일까

꿈틀대는 혀처럼
책 속의 문장들 기어 나오는데

곧이곧대로 천명을 받아 적는 것이
시고 순수라면
오늘밤 시는 모두 금단의 언어

유혹은 표정도
거부할 수 없는 명령어가 된다.

빗소리

가로등 불빛에
줄줄이 매달린 빗방울

비는
달궈진 지붕을 적시고
풀잎 두드리는 소리는 푸르다

모여서 흘러가는 강물
섞인다는 것은
한 마음이 된다는 것

비는 초록이고
초록은 숲이다

뿌리를 적시는 생명 소리
원초적 빅뱅 소리.

사북舍北에서
– 정선 카지노

사랑하면 안다
당신을 위할 때가 절정이라는 것

이정표 없는 생의 길

잃어보니 알겠다
당신을 위할 때가 행복이라는 것

땀 흘려 살 때
사북도 있고
잭팟도 있고

죽어도 좋은 카타르시스

주머니가 비면 목숨은 가볍고
마음은 무겁고
이판사판 죽음을 배팅한다.

선을 넘어

우리에게는
많은 선이 있지

공중을 날아가는 새
흔적을 남기지 않듯이

선과 선의 교차로

線 넘어 禪
禪 넘어 善
미완의 공존 금줄을 친다.

선인장

가시 잎 선인장

평생을
배운 것 하나만 외우고 사는 사람처럼
잎 없는 기둥 하나로
세상을 산다

자신을 지키는 올곧은 가시

세상엔
가시처럼 찌르는 숙명이 있고
잎처럼 피는 운명이 있다

누구도 범접 못할
가시 둥지
생굴을 파고 사는 새가 있듯

소리실

거장의 연주나 노래로만
귀가 열리는 게 아니다

음악은
묻힌 과거를 재현하고
봉인된 미래를 개봉하는 일

직선의 현이여
곡선의 울림이여

선율이 있는 한 빅뱅
세상은 여전히 창조 중

천둥과 바람과 파문의 장단
소리로 저장되고
울림으로 전해져

귀가 인도하는 소리실
하늘 문이 열린다.

영월 주천酒泉

떠나보면 안다
내게서 무엇이 멀어 졌는지
떨어져 나갔는지

강물이 거슬러 흐르지 못하듯
그 사랑 놓는 일이
얼마나 참담하고 쓸쓸한 일인지

그리움은
마음이 아니라는 것
몸이라는 것

되돌아갈 수 없는 운명이
노래를 남기고
곡진한 사연을 남기고
꺾어지는 길을 만든다는 것

영월 술샘[酒泉]에 가서 아뢰라

맑은 술이 나오나

탁한 술이 나오나

냉수만 얻어 마셔도 삶은 감지덕지다.

※ 술샘설화 : 주천 망산 기슭의 샘터는 전설에 따르면 농사일 지치고 배고픈 주민이 오면 힘을 샘솟게 하는 탁주가 나오고 과거시험 준비에 심신이 피곤한 사람이 오면 정신을 맑게 하는 약주가 나오는 영험한 샘물이었다. 어느 날 이를 곡해한 주민이 샘터를 부순 이후에는 술이 나오지 않고 찬 샘물만 나오게 되었다고 한다.

위증죄

바람을 들켰을 때
아니라! 변명한다
자기를 부정하는 비루한 배신자

운명을 저당 잡힌 무기수처럼
죽는 날까지
위증죄에서 풀려날 수 없을 것이니

한 순간도 진실할 수 없더냐
신이 아니라
자신께 물으며 살아야 한다.

입추

한지 등 들고 오듯
초승달 끌고 온다

이슬은 떨어지지 않으려고
풀잎 그네를 타고
눈물은 눈썹 끝에 맺혀
소리 없이 흔들리는데

통째로 화분을 훔쳐간 도둑처럼
청춘을 앗아간
불온한 날들이여
얍삽한 꿈이여

씨앗을 품은 마음
이제는 그만
붉은 수수처럼 익어야겠다.

자서전

육탈을 마치고
수수만 년을 사는 흰 뼈 화석처럼

읽고 또 읽어도 시대를 관통하고
정신의 규율을 세우는 책을
고전이라 한다면

싱싱한 비유로
읽을 때마다 뜻이 달라지고
삶의 허기에 눈뜨게 하는
당신은 즐거운 베스트셀러

가시가 돋을까
하루도 거름 없이 당신을 읽는 것인데
어느 땐 고전
어느 땐 현대문

얼마를 부대끼고 정독해야

스테디셀러 같은 책이 될까

사랑의 자서전
오늘도 설렌 마음 몇 줄 발문을 쓴다.

장마전선

여름 길목에
꽃뱀처럼 걸쳐 있는 장마전선
얼마나 아름다운 전선이냐

허공을 짚고 배밀이 하는
창공 어디쯤에
산란하듯 비를 쏟을까

구름그늘 살갑고
소낙비는 반갑고
뱀처럼 담장을 휘감는 바람
서늘한 혓바닥 같은데

비를 받은 강은 모두 蛇行川
반짝이며 미끄러지듯 구비구비
대지를 흘러가고

엄마의 자장가처럼

조약돌 구르는 여울물소리
녹슨 귓바퀴를 맴돈다.

적멸보궁
– 법흥사에서

내 가슴 속
적멸보궁 한 채
앉히러 간다

백팔번뇌 일거에 태워버릴
눈부신 환멸

엎드려 떨며
낙뢰 맞은 나무처럼 타버린
마음자리

확철대오라 하던가
산을 깨우는
풍경소리 같은 말씀 얻고자

천종산삼 찾아
험산준령을 누비는 심마니처럼
새벽보다 먼저 깨어 외친다

네 사랑 진신사리
삼봤다!

자발적 고문

응혈이랄까
가슴에 맺힌 통증이
매운바람에 언다

자발적 고문

찬바람 속에
꺼내놓은 손이 무감각해질 때쯤
묵직한 가슴 펑 뚫리듯

살 에는 추위 속에서
강렬한 삶의 더위를 느끼는
결빙

틀림없는 바보들의 생존방식.

조약돌

조약돌은
바다의 맹세

피도를 만나 노래한다

썰물의 토닥임이랴
밀물의 사랑이랴

수수만년
닳아 없어질 때까지
손 놓지 않겠다는 약속

조약돌은 바다의 사리.

지는 꽃

피는 꽃이
이별을 예감하게 한다면
지는 꽃은
만남을 고대하게 한다

계절 꽃 같은 인연
이별은 오고
언제나 절절하다는 것

만남엔 속임수가 있어도
이별엔 거짓이 있을 수 없느니

지는 꽃 보며
노래와 울음을 남긴 나비 새 풀벌레
모두 친구였음을 알게 된다

뒤늦은 참회라도 기쁘다

후회는 늦고 소용없으나
사랑을 간직함에
이 말보다 무겁고 값진 단어를
알지 못 한다

꽃 진 자국마다 통증이 아름답다.

진신사리

베어링이 닳았나
앉고 일어설 때마다
관절이 시고 아프다

조금 아주 조금
겸손히 등 몇 번 굽힌 것 말곤
어떤 수행도 해본 적이 없는데
生사리가 박혔나

쇄골 안쪽
부도처럼 나란히 정박해 있는
갑상선 두 척

수평선에 닻줄을 매놓고
세상과 나를 거래하는 상선
평형수를 채우고
가라앉지 않으려고 파도를 탄다

제 값의 하루를 살아낼 때
영월 달빛에 외친다
진신사리 바다다!

종점

길이 끝났을 때
종점을 만난다

길을 버려야
진정한 삶이 시작된다는데

언제까지 동행할 것인가

함께하고도 좁혀지지 않는 관계가
수많은 간이역과 정거장을 만들어 놓았다

종점은 어디

길은 끝나도
집으로 가는 막차가
나를 기다린다.

첫눈이 오면

눈이 오면 어쩌지

몸도 마음도
준비되지 않았는데

첫사랑처럼 오는 첫눈

그날 이후
화로같이 소녀를 앓았다.

침묵 사랑

아무 말 없이도 우린 통할 수 있지

손짓 눈짓
꽃잎의 떨림 같은 속삭임으로

땅이 끝나고
바다가 시작되는 것처럼
바다가 끝나고
땅이 시작되는 것처럼
침묵이 전하는 미지의 간절곳

그러므로 멈출 수 없다
곡조 있는 마음
율동의 숨처럼
황홀의 선율처럼

하늘엔 하늘만 있는 게 아니듯
세상엔 세상만 있는 게 아니듯

죽어도 좋은
먹먹하고 절실한 순간과 간절함이

기다릴 수 있다면
사랑일 수 있다면

당신 하나만 남기고
다른 세상은 놓아주리.
운명 하나만 남기고 사랑은 풀어주리.

춘분

오늘은 복사꽃
연분홍 달빛이네요.
어둔 밤 훈훈하고 별빛 고운데
매화꽃잎에 살포시 봄이 안깁니다.
은근히 전하는 나비 안부
아직 잊혀 지지 않은 추억 뭉클합니다.
갈수록 짧아지는 밤
기억할 때까지가 인생입니다.
그리운 봄날입니다.

콩깍지

그 짧은 순간
감전 되어
온종일 먹먹하고 얼얼했다

몇몇 해

산 너머 전기를 실어 나르는
차디찬 전신주처럼
선채로 기다리는 장승같은 콩깍지

첫눈에 눈멀었다는 얘기 들었거니와
혼자 출렁이는 심금으로

바보처럼
울보처럼
침침한 사랑을 앓았다.

통증에 대하여

통증은 사라지지 않는다

상처는 없어져도
통증은 평생 간다

보이지 않을 뿐
상처받은 가슴은
문득 외롭고 춥고 아프다

텅 비었다는 것은
부재의 통증

마음도 그렇다
그러니 함부로 말하지 말라
지워졌다고 통증까지 없어진 것은 아니다.

해무

안개 낀 날 산에 올라보면
세상이 바다 같다

지느러미를 가진 심해어처럼
사지로 활보하는 사람들

떼 지어 몰려드는 파도처럼
안개로 뒤덮인 해무
언제나 나의 자리가 심연인
세상 바다

구비치는 길이 보이고
마을이 보이고
끝 모를 수평선이 떠오르는데

영혼의 양수
저 바다를 어떻게 건널 것인가
떠 있는 섬처럼
해무에 붙들려 진종일 출렁인다.

회복탄력성

아무리 깨끗해도
젖어서는 입을 수 없으니

외줄에 목을 걸고 채혈하듯
빳빳하게 말라가는 빨래를 보라

눈물 많은 사람은
자가 면역만으로 행복하다

눈물 젖은 울음이
잃어버린 본심을 되찾아주고
상처는 기름진 새살로 채워지리라

햇볕에 펴지는 꽃잎처럼
본래 모습으로 나부끼는
영혼의 빨래

용기 있는 참회의 시 한 줄이

가슴 속 흙탕을 정화하고
진실한 울음이
마음의 회복탄력성을 일깨워준다.

흐르는 바다

바다가 한결같이 푸르고
영원한 이유는

제 몸을 치며
사력을 다해 부서지는 파도의
통증 때문 아닐까

하루에도 수십 번 넘어지고 깨져
시퍼렇게 멍드는 청춘처럼
바다는 젊고 싱싱한 모습으로
부활하는 것인데

대지에 풀꽃 피듯
뭉글뭉글 줄지어 피는 수면의
파도 꽃을 보아라

천방지축 해풍에
떼 지어 솟구치는 고기처럼

햇빛도 은비늘로 반짝인다

흐르는 바다
떠 있는 섬
영원과 순간이 구별되지 않는다.

제3부

가을장마

처마 끝
낡은 의자와 함께 빗소리를 듣는다.

구름을 뚫고
하늘 멀리서 굴러온 소리
은빛 빗줄기가 되어
건천 수문 속으로 빨려 들어간다.

빗방울은 세미한 떨림으로 변주돼
부서질 때 꽃이 된다.

저수지에 모여 찰랑대는 분산과 파장
세상의 모든 고요는
소란 뒤에 찾아오는 적멸의 눈부심이니

비 그치고
따가운 금침 햇살 받으며
반짝이는 잎사귀

여뀌꽃 향기 퍼뜨리는
짓궂은 늦장마에
가을도 함께 떠내려간다.

가을 소회

가을이다.
얼굴 한 번 못보고 여름이 갔다.
장마에 휩쓸려 떠내려간 시간들
다시 오지 않겠지.
이음새 없는 세월 속에
너의 가을이 왔고
난 여름의 뒷모습을 본다.
소금기둥처럼 굳어진 우리 청춘
나이테 한 줄 또 감아놓고
안부 전한다.
살아 있으니 무소식인 줄 안다.

건강한 이별

새가 운다

흐느낌이 아니라 흥겨움
울음이 아니라 노래다

소리로 저 왔음을 알렸듯
함께 했던 시간과 공간에
긴 헤어짐을 예고하고 있다

춤추고 노래하는 결별 예식

건강한 이별은
올 때를 기약하는 약속이니

울음이 터져도
설렘과 기다림으로 결연히
가는 곳을 말해주는 모습이다

철새의 아침
아름다운 슬픔을 본다.

균형과 비례

무슨 그리움이 이토록
간절한 것이냐
바다를 멍들게 하는 파도처럼

무슨 망각이 저토록
따뜻한 것이냐
세상을 품는 시간과 공간처럼

낮과 밤
그리움과 망각이 교차하는
균형과 비례로

경건은 새롭고 삶은 단단하다.

꼬리에 대한 고찰

갓 부화한 송사리
머리보다 큰 눈알을 굴리며
떼 지어 헤엄친다

강과 한 몸이 되어
흘러가되 아주 흘러가지 않는 것

떠내려가지 않기 위해
강보다 먼저 눈뜨고
거슬러 오르되
흐름을 놓치지 않는 일

눈뜨고 자는
어린 송사리를 위해
강도 편히 잠들지 못한다

거슬러 오르는 것은
머리가 아니라 꼬리
모천의 냄새를 기막히게 맡는
지느러미다.

꽃시

꽃시 한 편을 쓰기 위해
백송이 천 송이 꽃을 만난다

향기는 달라도
빛의 속도로 받아 적은 꽃 마음

그러므로 당신이 읽는 것은
시가 아니고
꽃이 쓰는 편지다

향기와 빛깔이
이름을 기억하게 할 뿐
꽃잎은 말하지 못한다

벙어리 나비처럼.

나팔꽃

골은 있어도
접히지 않는다

바람에 시달려도
찢기지 않는다

피어도 져도
흩어질 수 없고 헤어질 수 없는
외 꽃잎

단 하루 허락받은 목숨이
당신을 휘감고
사랑을 외치는 것 말고
무엇으로 천명을 펼치리오.

단 한 번의 아침
눈부심을 얻는데 일생이 걸린다.

달을 읽다

하늘에 편지 한 통 부치고 싶었는데
달이 먼저 알고
한지 같은 달빛 펼쳐놓으시네.
깊어가는 밤
혼자 쓰는 그리움인 줄 알았더니
달님도 연서를 좋아 하는구나.
그리는 마음
압화처럼 月光紙에 꾹꾹 눌러 적는데
바람이 읽고 투정을 한다.
심술부리듯 이슬에 젖어 번져도
괘념치 않고
달 혼자 솜이불처럼 서산을 덮고
훌쩍 잠들어버린다.

뒤안길

플라타너스 단풍잎
녹음 시절을 복기하며
옛날을 뒤집어보겠지

가을은
낯선 설렘보다
추억을 공유한 사람이 그립다

푸르고 맑고 뜨거웠던 청춘
맘껏 누리고
미련 없이 돌아설 줄 아는 나이가 되면

문득 그리운 것들이
단풍처럼 찾아오는데

우련히 쓸쓸하고 홀홀한 뒤안길에서
장승처럼 우두커니
그리고 하염없이 찬바람을 맞는다.

무음 설정

보내놓고
금세 또
꺼내 읽는 마음

네가 아니라 내가
내가 아니라 네가

하마터면 놓칠 뻔한
사랑의 메시지

무음으로 통한다.

밀화부리

처음엔 꽃인 줄 알았다.
세상에 하나 뿐인
향기로운 꽃 이름인 줄 알았다.
그러나 비밀 의식과
윤회의 불멸을 믿는 밀교처럼
평범한 아침을
어느 날의 특별한 추억으로 만드는 밀화부리.
계절이 오면
그 자리 어김없이 피는 꽃처럼
우지짖는 소리 그립다.
아름다운 수다로 마음을 흔드는
노랑부리 울음을
새벽 풍경처럼 듣고 싶다.

박주가리 씨

볕이 좋아서 창을 열었더니
박주가리 씨 날아들어
나갈 생각을 않는다.

일어서면 같이 일어서고
앉으면 따라 앉아
잡히지 않은 거리를 유지한 채
한 집살이를 고집한다.

마당 꽃과 같이
울타리를 벗어나지 않는
문턱 비밀을 안다는 것인가

말 못하는 풀씨도 이리 조신하고
의리가 있거늘
너무 쉽게 헤어지는 사람들
꽃 들고 찾아갔던 그날 그 마음만은
잊지 않았으면 좋겠는데

훔치려는 손보다 빠르게 날아가
숨어버리는 박주가리 씨
오늘 밤 빼꼼이 싹이 틀지도 모른다.

봄비

가는귀를 먹었나

속삭이듯 간질이듯
소리 맞춰
조율하고 싶은 봄 이명

고목 등걸에 허물을 벗고
아름다워진 꽃뱀같이
소음을 벗고
청정 고요를 입는다

푸른 풀 밭 이슬처럼 젖어
짧은 봄밤
꿈 마당을 거닌다.

산정의 샘

계곡 물소리
산을 내려가는 게 아니라
거슬러 오르고 있다

아무리 멀어도
아이 울음소리를 듣고
젖이 도는 엄마처럼

치어를 부르는 강물소리

산사람들은 그 소리를
'강이 운다'고 한다.

산정의 샘은
대지를 품고 생명책을 쓰는
마르지 않는 잉크다.

상스런 사랑

상스런 사랑을 하고 싶다

꿈꾸지 못한
넘어서지 못한
금단의 길

엎드려 성지를 찾아가는
고독하고 경건한 오체투지다

오직 한 사람을 향한
간절한 고백

한계가 없는 헌신
영혼의 나라

常스런 사랑을 하고 싶다.

새해 아침

일 년 삼백예순날 거느리고
새해가 온다.

눈 내린 새벽길에
노루 발자국처럼
별무리도 다녀갔는지
눈밭마다 은가루처럼 반짝인다

하루 한 날씩 찾아오는 문안 인사

봄동 김치 곁들인
소박한 떡국 아침

능청 떨듯 해찰이더라도
한 걸음 벗어나지 말고
함께 하자

새날 밥그릇 깨끗이 비우자.

손맛

새것이라고 마냥 좋은 게 아니다
호미 괭이를 다뤄본 사람은 알지

달챙이 숟가락 같이
끝이 닳아 뭉툭해도
땅에 대면 흙 맛을 알고
먹어 들어가는 품이 기막히다

그렇게 김매고 둑 치고 돌을 골라
한 평생 농사를 지었느니
새것은 땅 맛을 몰라
쓸 때마다 빗나가고 엇갈려
애써 가꾼 곡식이 다치기 일쑤인데
얼치기 일꾼보다 낫고
묵은 자루 손맛이 일품이다

땅 맛이 흙 맛
흙 맛이 일 맛

일 맛은 손끝에서 매조지 되고

사는 게 농사와 매일반인데
척척 감기듯 손에 앵기는 연장이라야
일할 맛이 나지 않겠는가.
살맛이 삶 맛 아니겠는가.

시금치 비빔밥

바람과 눈과 햇빛이 만든
연하고 달콤한 겨울 시금치

추위를 이기고 나면
사람들 눈빛도 웃음도 달달해지듯

계절엔
그 계절에 어울리는 맛이
따로 있는 듯

은멸치 된장 곁들인
시금치 비빔밥
입안에 햇봄이 핀다.

아름다운 통증

그리움은 통증이다

나의 시간
나의 운명
나의 눈물이었던 그대

계절은 가도
나이테를 남기듯
시간과 공간이 새겨놓은
가슴의 기억들

사랑 있는 한
아름다운 통증으로
그리움은 다시 또 핀다.

여름 새벽

신비해라.
양모처럼 부드러운 여름밤
달빛은 깃털처럼 간지럽다.
새벽 새 앙증맞게 날개를 펼쳤다 접어
바람에 몸을 맡긴다.
향수를 뿌리고
외출을 준비하는 꽃잎처럼
오감을 챙기고
하루 쪽문을 열면
소리 없이 차오르는 밀물처럼
눈 깜짝 새 초록 녹음이 만수위다.

오지

주소만 있다면
못 갈 곳이 없다는 우체부

허나 이 몸 하나
숨을 곳 없는 이 도시에
주소 둘 곳 없다

마음 머물지 않는
외롭고 쓸쓸하고 불안한 줄타기

힘겨워도 달을 보며
오붓한 저녁 한 끼는 있는 법인데
꿈꾸는 것도 돈이 드는
세상은 하숙집

길은 무수히 깔렸으나
우체부가 오지 않는 도시는
통째로 오지다.

우수

비로 시작되는
봄의 설렘

대지를 타건하는
우수 축제

마른 잎도 젖어 뒤집어지는데
뿌리 깊은 나무라고
가만히 있겠나

작년 봄은 잊어라
매화꽃 튄다.

울적한 날엔 역전에 간다

마음이 울적한 날엔
역전에 가서
사람들이 벗어놓고 간
넝마 같은 그리움을 줍는다.

출발하려는 기차를 잡기 위해
벤치에 놓고 간 커피는
마음 떠난 사람처럼 차갑게 식어 가는데

사랑에 견줘
삶은 언제나 애처롭다만
오롯이 챙겨오지 못한 미안함에
발을 구르며 얼마나 애통했을까

사랑이 빠져나간 개찰구
배낭에 그리움 욱여넣고
서서 우는 슬픔을 누가 알겠는가

반듯한 철길에도 덜컹거리며
기차는 달려가고
그리움은 가벼울수록 아파라

종점을 향해
불을 끄고
무쇠바퀴 속도를 높인다.

잉여인간[1]

생의 반절을 살았다
싶은 어느 날
나머지 행보를 계산해본다

폭염 꺾어졌을 때에야
가을이 접어든 걸 알듯
너무 늦게 철들었다 할까

얼마나 많은 죄를 짓고
부질없는 꿈에 끌려다니며
귀한 시간 허비했던가

남은 생
펼쳤던 돗자리 걷듯
흔적을 지워야겠다

돌아가자

---
1) 1958년 손창섭의 단편소설 제목

생명의 순결한 자궁
모태로 돌아가
남은 생 잉여인간으로 살자.

입춘

봄을 부르는 비
비를 부르는 봄

비는 대지를 적시고
빗소리는 마음을 두드린다.

마른 샘에 물 고이고
젖을 문 아이마냥 흥겨운 실개천
꼬리 치며
신나게 좁은 계곡을 빠져나간다.

움돋는 꽃망울처럼
마음의 푸른 그리움
봄보다 먼저 맺혀라

입춘 비에 빈다.

젖은 구두

비 맞으니 알겠다
뻥 뚫린 구두 밑창

그랬구나
그랬었구나

들여다보지 못한 밑바닥

젖어보니 알겠다
구멍 난 마음.

추분

1.
차가운 이슬
가을 되자면 이리 쉽게 오는 것을
무던히도 덥고 길었던 여름
금세 잊고 또 그립겠지.
나락 목을 훑고 지나가는 바람
나무들 단풍들 때
빈 가슴도 설렘으로 물들어봐야지
마음 휘젓는 쟁쟁한 소리
빠져나가지 못하게
헐거운 귓바퀴 힘껏 조이고
힘이 되는 시 한 소절
아픈 네게 건네야지.

2.
새로운 아침
볼 수 없고 설명할 수 없지만

느낄 수 있는 바람처럼
울음 많던 매미
부싯돌 치듯 달을 긁어대던 여치 쓰르라미
반짝여서 더 숨지 못하던
길잡이 반딧불 그립다.
여름이 길면
뒤따라오는 가을이 짧을 수밖에 없는
한정된 날수인데
더 맑고 더 붉게 물들 일만
남겨두어야 한다.
다시 만날 수 없는 날들
기울어진 황도만큼 마음 덜고
가뿐해져야 하는 추분이다.

추억을 낚다

너는 사랑을 잃고
나는 사람을 잃었다

얼마나 근사했던가

네가 부르면
내가 부르면
응답의 메시지를 안고 달려가던 메아리

다시 만날 수는 없지만
기억이 있는 한
사랑도 그리움도 제자리를 맴도는 물레방아
밀 제분소처럼
백설 풍경으로 머물러 있다

마음의 낚싯대로
싱싱한 지느러미를 세우고 달아나는
추억을 낚는다.

카톡

시가 된 글자들
노래가 되기 위해
마음의 오선지에 당신을 얹는다.

울렁이며 설레며 숨 막히며
천 길 가슴에
눈물로 떨어진다.

득음을 갈망하는 소리꾼처럼
소리를 얹으면 가락이 되는 문장들
마음 간절할수록
기다리는 마디마디 행간은 좁혀지고

장독에서 꺼내먹는 홍시처럼
숨겨둔 벽장에서 쏟아져 나오는
별별 문자들

잘 익은 그리움이 당신을 탐색한다.

폭설

눈 내리는 밤
나무 부러지는 비명을 들었다

예리한 화살촉처럼 날아가 꽂히는
독수리 울음소리도
바위를 쪼개는 낙뢰도
저렇듯 날카롭지는 못하리

숲을 흔들고
계곡을 찢으며 흐르는 급류처럼
나무의 고통소리 밀려드는데

폭설이 휘두르는 무지막지한 폭력

잠들지 못하고
눈의 무게로 지붕마루 휘어지는 통증을
느껴본 사람은 안다

눈은 녹아
섬을 띄우는 부력이 되고
폭설에 갇혔던 마음은 흰 파도 일렁이는 수평선을
항해하게 된다는 것을

아 눈 쌓인 벌판은 물 없는 바다
등 푸른 용을 만나겠구나.
운명의 역린을 틀어 줄 수 있겠구나.

푸념

영화 첫머리 오분이
결말을 암시하듯
책 머리말 몇 구절이
한 권의 이야기를 꿰뚫듯

당신의 이야기는 하룻밤만 들어도
영원에서 영원을 넘나든다

불멸을 가르쳐줄 사람

삶이란
인생을 걸고 뛰어드는
투자자의 모험 같은 것

참 희한해요.
누릴 순 있으나
가질 수는 없는 보물

당신, 사랑

한 잎의 삶

당신을 매달고
초록처럼 살겠다

저 혼자
천상의 햇빛 다 모을 것처럼
지상의 바람 다 마실 것처럼
나부끼는 잎

누가 시비를 걸던지 말던지
저 푸르름
저 눈부심
고요히 청정 숲 나무가 되리니

내가 가진 그늘
아낌없이 내주고
한 잎 초록으로 반짝이겠다.

햇볕 좋은 날

체면의 옷 벗고
좀 슬은 몸
햇볕에 포쇄[曝曬]하고 싶다

삶의 곡절을 먹고 사는
벌레 같은 우울들

자리에 누우면 아파오는 삭신

맘껏 기지개 한 번 켜보지 못하고
생의 등판이 휘었다.

흔적

상처는 지워져도
갈수록 예민해지는 통증

삶이 그렇더라

눈물은 슬픔을 아름답게 숨긴다.

| 평설 |

인공지능의 물질문명시대와 '번뇌즉보리'의 대승사상
― 구연배 시집 『아름다운 소란』 고찰

김 광 원 (시인 · 문학평론가)

1. 신들의 언어와 평상의 마음

 대체로 시집 서문 에는 그 시집에 대한 정보가 암시되어 있다. 구연배 시인의 제10시집 『아름다운 소란』도 예외는 아닐 것이다. 서문의 첫 문장부터 긴장감이 느껴진다.

 쓰는 일보다 퇴고가 몇 배 더 고통스럽다. / 힘들고 지루하다. / 꿈꾸는 것보다 사는 게 힘들 듯 / 헛되고 헛된 것 중 / 시보다 더 헛된 게 또 있을까. / 살겠다고 몸부림치다 맞닥뜨린 황혼녘 / 이름도 소용없고 변명도 필요 없고 / 달래보는 마음 한줄 시 한줄 그리고 삶 한줄. / 달걀 하나로 저녁을 버틴다. / 유정란이라 생각하고 넘겼는데 비리다. / 슬그머니 헛웃음 난다. / 삶이 그렇다, 아나 공(空)

한 편의 시를 완성하기까지 감내하는 노력이 어떠한가를 시인은 말하고 있다. 뜻하는 바를 그려낼 수 있을 때까지 최선을 다하는 시인의 자세도 엿보인다. 그런데 시를 붙들고 씨름해봐야 겉으로 드러나는 보람도 없으니 시인은 얼마나 헛된 일이냐 하며 고백하는 마음도 느껴진다. 속아서 무정란을 유정란으로 알고 먹은 것처럼이나 삶은 허망하다는 것이다. 그러나 구 시인에게는 반전의 카드가 있다. 끝 단어 "아나 공"이 그것이다. 시 창작의 길이 아무리 허망하다 해도 놓지 못하는 이유가 여기 있구나. 아무리 힘들어도 구 시인에게서 시 창작은 자신의 삶을 확인해가는 가장 중요한 통로라는 것을 감지하게 된다. 필자는 여기서 시인의 정성과 경건을 읽는다.

그렇구나. "구 시인에게서 핵심은 시라기보다 공이 아닐까? 시가 고통인 것이 아니라 공에 다가서는 수행의 과정이 고통이라는 것 아닐까?" 하는 생각도 든다. 시인이 기꺼이 시에 모든 걸 쏟아내는 이유가 알아질 듯하다. 그렇다고 시인에게 시 창작은 진리의 실상을 탐구하는 일로 끝나는 일이 아님은 당연하다. 시인의 시 창작은 진선미의 세계에 다가서려는 지난한 몸짓이다. 존재의 실상을 탐구하고, 삶을 통해 실천하고, 나아가 그 삶을 '아름다움'으로 그려내려는 시인의 의지는 뜻을 이루건 못 이루건 이미 그 자체로 순수하고 숭고하다. 더욱이 세계가 온통 인공지능으로 무장되고 있는 이 시기에 인간이 추구하는 진선미는 어떤 모습으로 다가오고 있는가? 어려운 문제이

지만 이런 의문을 해결할 수 있게 하는 지점에 바로 '공'이 놓여 있다 할 것이다.

마틴 하이데거는 「횔더린과 시의 본질」에서 "인간이란 누구인가? 그는 자기의 본질을 증명해야 할 존재이다."라고 하면서 "인간 존재를 증명함으로써 인간 존재를 본래대로 실현시키는 행위는 결단의 자유가 있을 때 일어나게 된다. 결단이라 함은 필연을 붙잡아서 스스로 얽매인다는 뜻이 된다."[1]라고 말하였다. 시인은 최소한 자기 자신의 본질을 증명해낼 수 있어야 하며, 그런 필연성 속에서 자기존재의 본래적 사명을 실현시킬 수 있는 결단의 자유를 소유하고 있어야 한다는 것이다. 글의 후반부에서 하이데거는 시의 기능을 다음과 같이 말하고 있다.

시작詩作이라 함은 근원에서 신들의 이름을 부름을 말한다. 그러나 먼저 신들 그 스스로가 우리를 언어에까지 이끌어 주어야만 비로소 시인의 언어에는 신들을 부를 힘이 생기는 것이다. 신들은 어떻게 해서 이야기하는 것일까? "예로부터 신들의 언어는 눈짓이다."(횔더린의 시 일부) 시인이 말한다 함은 이 눈짓을 붙잡아서 이것을 다시 사람들에게 눈짓으로 전해준다는 뜻이다.[2]

---

1) 김진국 편역, 『문학현상학의 이론과 실제』, 「횔더린과 시의 본질」, 영일문화사, 1980, 62쪽
2) 위의 책, 75쪽

구 시인이 고통스럽고 힘들어도 시 창작과 공의 세계에 공력을 기울이는 이유를 다소 알 것 같다. 구 시인이 서문의 끝에서 거론하고 있는 '공空'은 하이데거가 말하고 있는 '자기존재의 증명'과 '신들의 언어'에 대한 통로 역할을 하기 때문이라 여겨진다. "그대는 아는가. 배움이 끊어진 한가한 도인을. 망상도 없애지 않고 진리도 구하지 않나니 무명無明의 이 성품이 곧 불성이요 허깨비 같은 이 몸이 곧 법신이로다."[3] 이 시는 영가현각(永嘉玄覺 665~713)이 남긴 '증도가'의 첫 부분이다. 무지와 아집을 내려놓고 머릿속을 비울 수만 있다면 무명 중생도 사실 불성을 지닌 법신 그 자체라는 것이다. 하이데거가 자기존재를 증명해야 한다는 것이나 무명 성품 속에서 불성을 발견한다는 것은 결국 다른 것이 아님을 우리는 그리 어렵지 않게 이해할 수 있다.

 이 둘은 결국 자신의 머릿속에 가득 차 있는 온갖 선입견을 내려놓으면 자기존재의 신성을 찾을 수 있게 된다는 것이다. 그러나 사실 그러한 세계는 결코 쉽게 다가오는 세계가 아닐 것이다. 그 세계는 인간의 사고로 얻어지는 것이 아니고 과거의 모든 체험을 떠난 텅 빈 직관의 세계에서 올 수 있는 것이기 때문이다. 구 시인이 서문에서 공을 얘기한 것은 아마 자신의 모든 것을 걸다시피 하는 비상한 마음의 일단을 보인 것임을 필자는 짐작한다. 시인은 현재 자신의 삶을 단단히 벼르고 있음을 안다. 따라서 필자는 그의 시에 대한 감상도 그런 입장에서 이루어져야만 한다는 사실을 인지하게 된다. 다음 두 편의 시

---

3) "君不見 不除妄想不求眞 無明實性卽佛性 幻化空身卽法身"

에서는 구 시인이 살아가고 있는 일상의 마음을 엿볼 수 있어 먼저 살펴본다.

> 신비해라. / 양모처럼 부드러운 여름밤 / 달빛은 깃털처럼 간지럽다. / 새벽 새 앙증맞게 날개를 펼쳤다 접어 / 바람에 몸을 맡긴다. / 향수를 뿌리고 / 외출을 준비하는 꽃잎처럼 / 오감을 챙기고 / 하루 쪽문을 열면 / 소리 없이 차오르는 밀물처럼 / 눈 깜짝 새 초록 녹음이 만수위다. ─「여름 새벽」 전문

이 시는 여름밤부터 여름 새벽 사이에 느끼는 시적화자의 감성을 주제로 하고 있다. 여름은 만생명의 기운이 일어나서 조화를 이루는 시기이다. 인의예지의 '예'에 해당하는 때이다. 때로 가뭄과 홍수로 탈이 날 수도 있겠으나, 그런 게 없다면 달빛이 환한 일상의 여름밤 풍경은 그야말로 모든 존재가 환희를 느끼게 되는 시절이라 할 수 있을 것이다. 시인의 첫마디가 "신비해라"이다. 이후 시인은 그 신비의 구체적인 장면을 그려내고 있다. 달빛은 부드러운 양모가 되고, 새벽 새는 바람과 하나가 된다. "향수를 뿌리고 / 외출을 준비하는 꽃잎" 참 빛나는 표현이다. 그런데 그런 꽃잎처럼 오감을 챙기고 하루의 쪽문을 열다니! 게다가 음양오행으로 조화를 이루고 있는 온갖 생명의 기운들이 소리 없이 차오르는 밀물처럼 다가오고 있다 한다. 그래서 새벽이면 주위가 온통 초록 녹음으로 만수위를 이루고 있다는 것이다.

우리의 우주는 모두에게 자신의 생각과 감정과 오감 안에서만 다가오고 이루어진다. 내 눈과 생각으로 받아들이는 세계 안에서 나는 살고 있기 때문이다. 위의 시「여름 새벽」에서 화자는 고요한 달빛과 함께 우주의 중심에서 평화를 얻고 있으며, 그 평화로움 속에서 오감을 가지런히 다듬고 정리하면서 외출을 준비하는 꽃잎이 되었다. 꽃잎으로 명명된 화자는 이제 하루 쪽문을 열고 나가기만 하면 밀물처럼 가득 밀려온 생명의 바다와 하나가 될 것이다. 이 시에서 시적화자는 이 시에서 아무 일도 하지 않았으나 마치 선악을 초월한 지선至善의 자리에 머물고 있는 모습을 보여준 셈이다. 마음을 내려놓고 주변과 하나가 되는 모습에서 진眞의 세계를 엿볼 수 있고, 고요한 오감 속에 있으니 지선을 떠올리게 하며, 비유와 상징을 통하여 여름밤의 풍경과 화자의 심신이 조화롭게 형상화되고 있으니 이 정도면 진선미 조화의 맛을 느낄 수 있지 않겠는가? 일상에서 다가올 수 있는 이런 세계가 바로 평상심이 아닐런가. 평상심은 자기의 본래 중심을 유지하고 있는 상태를 말하며 결코 쉬운 세계가 아니지만, 그렇다고 어렵게만 생각하면 말하는 것조차 어려워진다. 많은 세월 시를 창작해오면서 내공을 다져왔을 구 시인의 또 다른 평상의 마음을 살펴본다.

　　일 년 삼백예순날 거느리고 / 새해가 온다. // 눈 내린 새벽길에 / 노루 발자국처럼 / 별무리도 다녀갔는지 / 눈밭마다 은가루처럼 반짝인다 // 하루 한 날씩 찾아오는 문안 인사 // 봄동김치 곁들인 / 소박한 떡국 아침 // 능청 떨듯 해찰이더라도 / 한 걸음 벗어나지 말고 / 함께 하자 // 새날 밥그릇 깨끗이 비우자.
  ―「새해 아침」

다시 진선미에 대하여 얘기를 이어간다. 시에서 진과 선과 미는 서로 상생의 작용을 한다. "일 년 삼백예순날 거느리고 / 새해가 온다." 새해가 오는데 그냥 오는 것이 아니고 "일 년 삼백예순날 거느리고" 온다고 하니 한결 거룩해지고 경건해진다. 눈 내린 새벽길의 노루 발자국을 보며 별무리를 떠올리고 "눈밭마다 은가루처럼 반짝인다"라는 언어와 연결 지으니 새해 첫날의 아침이 고귀하게 다가온다. 시인이 구사하는 언어의 미美가 시의 진眞과 선善을 고양시킨다. 특별한 기교가 없는 듯 이루어지기에 오히려 시에 중심이 서고 내용은 자연스럽게 다가온다. "하루 한 날씩 찾아오는 문안 인사" 짧은 이 한 줄의 시구에는 한결같은 우주의 질서가 담겨 있고, 그 질서에 감사하며 삼백예순날 살아가는 화자의 마음이 느껴진다. 이후 새해 아침의 구체적인 풍경과 화자의 소박한 다짐은 지극히 평범한 진술로 마무리되고 있으나, "봄동김치"나 "한 걸음 벗어나지 말고" "새날 밥그릇 깨끗이 비우자."에서 다가오는 시적 의미는 결코 평범하지 않은 정성과 정결로 다가온다. 시의 감상은 이렇듯 아무렇지도 않은 듯 은연중 이루어진다.

2. 폐사지에 피어나는 목련가지의 봄볕

 사실 평상심은 지적 장애인 무지와 심리적 장애인 아집이 자리 잡고 있는 곳에서는 일어날 수 없는 마음세계이다. 평상심은 무지와 아집을 벗어나 사물을 있는 그대로 바라볼 수 있는 선禪의 세계에서 나올 수 있는 고차원의 세계이다. 육체를 지니고 현상계를 살아가는 인간으로서 평상심은 비록 요원한 세계라 할 것이나, 그렇다고 전혀 포기해야 할 일도 아니다. 그에 근접하기 위하여 뜻 있는 자는 끝없이 천리(天理)의 중심을 헤아리며 정성을 다하고 가고 가고 또 갈 뿐이다. 그 모습은 번뇌의 아픔을 끝없이 삭이면서 중심을 잡고 조화를 이루며 내공을 키우는 과정이라 할 것이다.

> 바람을 타고 떠내려 온다 // 더 이상 갈 곳도 / 숨을 곳도 없는 바다를 주름잡는 파도는 / 자유를 사랑한 보헤미안 / 재갈을 거부하는 야생마다 // 울어라 / 울부짖어라 // 너를 가둔 바다 / 검푸른 심장이 항복할 때까지 / 너를 홀대한 바람 / 시시한 소문이 사라질 때까지 / 두드리고 부셔라 // 숙명은 없다 // 내 안의 파도 / 성난 맹수처럼 밀치며 달려들 뿐 / 그러나 꺾이지 않는 무릎으로 / 바다를 건너리라 / 끝끝내 건너 주리라.
> ― 「파도여 파도여」 전문

 한바탕 치열한 싸움이 벌어졌다. 이 시에서 시적화자가 목표로 하고 있는 일은 바다를 건너는 일이다. 그런데 문제는 파도다. 보헤미안과 야생마처럼 "바람을 타고 떠내려" 오는 파도가 내 앞에 쏟아져 내리고 있는 형세다. 바다의 검푸른 심장이 항복하고 파도가 잔잔해질 때까지 '나'는 나를 홀대하는 바람과 소문을 평정해야 한다. 이 지점에서 화자는 단호하다. "숙명은 없다"고 하며 화자는 오로지 자유롭게 내 존재의 새 삶을 개척하고자 한다. 그런데 여기서 중요한 단서가 제시되는데, 성난 맹수처럼 밀려드는 파도는 결국 "내 안의 파도"라는 사실이다. 결국 이 시에서 일어나는 한바탕의 싸움은 자신과의 싸움인 것이다. 나는 과연 내 안의 '생각, 감정, 오감'과의 싸움에서 이길 수 있는 것인가. 선입견으로 가득 찬 무지와 탐진치로 가득 찬 아집을 내려놓고 내 마음을 공적영지의 텅 빈 상태로 되돌릴 수 있는가. "그러나 꺾이지 않는 무릎으로 / 바다를 건너리라 / 끝끝내 건너 주리라." 일생일대의 큰 도전을 보여주는 순간이다. 「파도여 파도여」는 큰 수행을 실천하는 자의 마음세계를 비유와 상징을 통하여 생동감 있게 형상화한 작품이라 하겠다.

숲을 흔들고 / 계곡을 찢으며 흐르는 급류처럼 / 나무의 고통 소리 밀려드는데 // 폭설이 휘두르는 무지막지한 폭력 // 잠들지 못하고 / 눈의 무게로 지붕마루 휘어지는 / 통증을 느껴본 사람은 안다 // 눈은 녹아 / 섬을 띄우는 부력이 되고 / 폭설에 갇혔던 마음이 / 흰 파도 일렁이는 수평선을 항해한다는 것 // 꿈 실은 배 한 척 / 세상이라는 바다에 발자국을 찍으며
― 「폭설」 일부

수행은 남이 아니라 바로 자신과의 싸움이다. 내 안의 무지

와 아집을 벗어나 본려의 자성自性을 만나고, 거기서 들려오는 하늘(신)의 소리를 듣고 실천하는 일은 이 세상 무엇보다 중요한 일임을 스스로 알게 된다. 시인은 이미 맹수처럼 달려오는 파도에 휩쓸리지 않고 바다를 건너가겠다는 의지를 보인 바 있다. 그 아픔을 어떻게 견뎌내고 "색불이공色不異空 공불이색空不異色 색즉시공色卽是空 공즉시색空卽是色"을 내 눈앞에 펼쳐낼 것인가? 위의 「폭설」을 보면 자신의 목표를 찾아서 가는 시인의 모습을 엿볼 수 있게 한다. 시인은 "눈 내리는 밤" 나무 부러지는 비명을 듣는다. 폭설의 무게에 짓눌려 마침내 바위를 쪼개는 듯 예리한 비명을 내지르는 나무의 외침은 무엇을 은유하고자 했는가? 모든 아픔은 내 마음에서 온다. 우주의 모든 일은 내 생각과 감정과 오감을 통해서 다가오는 일일 뿐이다. 겨울밤 폭설로 이루어지는 폭력도 결국 내 안에서 이루어지는 일이다. 그런즉 이를 극복할 수 있는 것도 내 마음을 통해 이루어져야 한다.

 "색즉시공 공즉시색"이 이루어지기 위해선 먼저 내 안의 부조리한 것들을 걸러내야 한다. 이 과정은 곧 아픔을 녹여 내리는 삭임의 과정이 될 것이다. 위의 시 「폭설」의 "눈의 무게로 지붕마루 휘어지는 / 통증을 느껴본 사람은 안다"와 "눈은 녹아 / 섬을 띄우는 부력이 되고" 사이에는 인내와 수용과 삭임의 과정이 내재되어 있다 할 것이다. 무지막지한 통증을 유발한 폭설이 녹아내리고, 그 폭설이 오히려 내 존재의 이유를 분명하게 밝혀주는 "섬을 띄우는 부력"으로 바뀌는 일에는 긴 시간이 필요할 것이다. 여기서 '폭설'이 녹아내리는 시간은 곧 내 안의 '선입견'이 녹아내리는 시간이라 할 수 있을 것이다. 이 선입견이 녹아내려 물의 부력을 얻는 시간은 곧 앞에서 제시한 하이데거의 말 "비로소 시인의 언어에는 신들을 부를 힘이 생기는 것이다"라는 표현과 밀접하게 연결되는 시간이 된다. 그리하여 마침내 시인은 "꿈 실은 배 한 척 / 세상이라는 바다에 발자국을 찍으며" 흰 파도 일렁이는 수평선을 항해할 수 있게 되는 것이다.

> 얼굴도 마음도 손마디도 없습니다. / 허공을 건너다 / 죄 없는 발가락 모두 떨어져 나가고 / 몽당 빗자루 몸뚱어리만 / 피하지 못한 채 눈을 맞고 비 젖어 / 기다리는 문 밖에 서 있습니다. / 해진 뒤에야 나타나는 별처럼 / 무명의 그리움으로 단단해진 몸 / 녹아내릴 밤이 무서워 / 오늘일까 내일일까 무너질 억장 걱정에 / 숯 검댕 눈썹 뽑아버리고 / 문드러진 코빼기 눈덩이만 퉁퉁 부은 / 맨발의 저녁입니다. / 달 돋는 서낭당 동구 밖에 / 눈사람 장승으로 서 있습니다.   　－「눈사람」 전문

위의 시 「눈사람」의 주제와 밀접한 내용인 "허공을 건너"는 방식도 「폭설」과 크게 다르지 않다. '눈사람'이라는 제재가 시인의 내적 각성과 어떻게 연결되고 있는가를 주시하는 일은 이 시의 감상을 즐겁게 만드는 요소가 된다. 시의 눈사람의 형상을 떠올리게 하는 "얼굴도 마음도 손마디도 없습니다."라는 표현은 생각, 감정, 오감을 내려놓아야 비로소 '자성'(참나)을 만나

게 되는 깨달음의 이치와 연결된다. 우리가 살아가는 현상계는 모두 변하는 것들로 가득 차 있기에 도를 구하는 일에서 가장 먼저 해야 할 일은 불생불멸의 자성을 만나는 일이라 할 것이다.「눈사람」에서 정면으로 다루고 있는 주제가 바로 '참나'의 발견인 것이다.

그러나 반면 발가락이 사라지고 "무명의 그리움으로" 단단하게 남은 몸뚱어리마저 사라지는 것에 대한 두려움이 없는 것은 아니다. '눈사람'의 이러한 표면의식은 이 시의 주제의식을 강조하기 위한 반어적 장치로 읽어야 할 것이다. 겉으로는 "숯 검댕 눈썹 뽑아버리고" 서낭당 동구 밖 "눈사람 장승으로" 서서 날이 새면 무명의 몸뚱어리가 녹아내리게 되는 것을 걱정하는 것으로 표현되어 있으나, 사실 시적화자가 간절하게 꿈꾸는 것은 최후로 남은 몸뚱어리마저 모두 사라지는 것이다. 무명과 아집이 사라지고 진공으로 들어가는 순간을 시인은 꿈꾸고 있다. 그런 순간이 되면 과연 어떤 변화가 일어날 수 있을까?

> 지평선이 불타버린 / 광막한 황무지 / 별도 길을 잃고 흔들리는데 // 폐사지에 남겨진 / 목련 가지에 / 경전 같은 봄볕이 흐드러진다 // 어둠을 털고 / 신생의 아침이 눈을 뜨면 // 건반을 두드리듯 / 이명을 벗 삼아 부르는 갈대밭 / 바람의 노래 // 신기루 걷히고 / 절망 끝에도 길은 열린다. ─「절망 끝에도 길은」전문

우주는 불생불멸의 절대계와 인과응보로 끝없이 변화하는

현상계로 나누어진다. 현상계는 하나의 작용 뒤에는 반드시 반작용이 일어나게 된다. 현재 '나'에게 다가온 아픔은 과거 '내'가 벌인 일에 대하여 알려주는 신호요, 이에 대비하여 처리하라는 일종의 계시라 할 것이다. 아픔에 함몰되느냐, 아니면 극복하고 새롭게 일어서느냐는 본인의 선택 여지에 달려 있게 된다. 함몰되거나 새롭게 일어서거나 현상계가 음양오행의 작용을 일으키며 인과응보로 굴러가는 이유는 불생불멸의 절대계에 이미 음양오행이라는 불변의 정보(相)가 내재되어 있기 때문일 것이다. "지평선이 불타버린 / 광막한 황무지 / 별도 길을 잃고 흔들리는데" 폐허로 변한 절터의 모습을 상징적으로 그려내고 있는 표현이다. 폐사지(廢寺地)의 모습은 가히 절망적인 상황이다. 이런 절망적 상황의 폐사지가 2연에서 극적 전환을 일으키고 있는데, 그러함에도 불구하고 무너진 절터의 "목련 가지에 / 경전 같은 봄볕"은 하나의 리얼리티로 지극히 자연스럽게 다가온다. 그 이유는 어디서 오는 것일까?

 "폐사지에 남겨진 / 목련 가지에 / 경전 같은 봄볕이 흐드러진다" 죽었던 가지에 꽃이 피어난 듯이 극적이고, 은근하면서도 깨달음의 소식이 함뿍 담겨 있다. 이 시의 핵심인 이 문장의 내용은 실제의 폐사지에서 얼마든지 발견될 수 있는 일상적인 내용이면서 동시에 이 문장은 무지와 아집을 모두 내려놓은 자연 그대로의 소식을 은유하고 있다. 아울러 '목련 가지에 흐드러져 있는 햇볕'과 '경전'이라는 시어의 결합이 절묘하게 어울려 문학적 성취를 높이고 있다. 이 문장이 중심을 잡고 빛을 발할 수 있는 것은 이후의 문장이 앞 문장과 구조적 연결 관계를 맺으면서 충분한 근거를 제공하기 때문이다. '신생의 아침'을 맞이하고 '경전 같은 봄볕'에 이르기까지 '어둠을 털어내는' 고통의 시간이 있었다는 것이며, 화자는 괴로운 이명耳鳴이지만 오히려 그 이명을 벗 삼아 갈대밭 속에서 '바람의 노래'를 불러왔다는 것이다. '건반'을 두드리는 긴 아픔 끝에 비로소 화자의 눈앞에 신기루가 걷히는 기적의 체험을 맞이하게 된 것이다. 시인은 이를 절망 끝에 길이 열린 것이라고 말하고 있다. 즉 '어둠'을 털어내는 일은 곧 무명과 아집의 신기루를 걷어내는 일임을 알 수 있게 한다. 이렇게 보면 "목련 가지에 / 경전 같은 봄볕이 흐드러진다"라는 표현은 신기루 등으로 왜곡되는 일이 없이 음양오행의 순리작용이 원만하게 작동하고 있는 모습을 상징하는 표현임을 알 수 있다.

3. 새벽보다 먼저 깨어 외친다 "심봤다"

　구연배 시인의 이번 시집의 성격을 잘 보여주는 작품으로 「회복탄력성」을 들 수 있다. 살아가면서 우리가 기본적으로 해야 할 일이 무엇인가를 일깨워준다. 알고 보면 인류의 사대 성인과 과거 현자들의 수많은 고전들이 주장하는 바가 인간 본래의 마음을 회복하자는 일 아니겠는가? 그 본마음은 에고$_{ego}$로서의 생각·감정·오감을 모두 내려놓고 텅 빈 한마음 속으로 들어간 자리 즉 공적영지空寂靈知의 자리이다. 텅 비어 있으되

오로지 신령한 알아차림만 남은 이 자리가 곧 우주의 중심이면서, 물질문명 속에 잊고 살아가는 인간의 본래 자리 즉 양심의 자리이다. 앞에서 하이데거의 말을 인용한바 여기가 바로 신들의 이름을 부를 수 있는 힘을 얻게 되는 곳이라 할 것이다. 또한 공적영지空寂靈知의 자리는 인간이 자신의 신성을 만나는 곳이라 할 수 있으리라.

> 아무리 깨끗해도 / 젖어서는 입을 수 없으니 // 외줄에 목을 걸고 채혈하듯 / 빳빳하게 말라가는 빨래를 보라 // 눈물 많은 사람은 / 자가 면역만으로 행복하다 // 눈물 젖은 울음이 / 잃어버린 본심을 되찾아주고 / 상처는 기름진 새살로 채워지리라 // 햇볕에 퍼지는 꽃잎처럼 / 본래 모습으로 나부끼는 / 영혼의 빨래 // 용기 있는 참회의 시 한 줄이 / 가슴 속 흙탕을 정화하고 / 진실한 울음이 / 마음의 회복탄력성을 일깨워준다.
> ―「회복탄력성」

인간은 '잃어버린 본심'이 있다는 사실을 알기까지 얼마나 많은 시간을 보내야 하는가? 또 실행에 옮겨 비로소 내공을 얻고 회복탄력성까지 갖추는 데에는 또 길고긴 시간 공을 들여야 한다. "외줄에 목을 걸고 채혈하듯 / 빳빳하게 말라가는 빨래를 보라" 목을 걸고 채혈한다고 하고, 빳빳하게 말라간다는 표현을 통해 본래 모습을 회복하는 과정이 쉽지 않다는 사실을 말하고 있다. 특히 여기서 반드시 필요한 것이 '용기 있는 참회'임을 강조한다. 진정한 참회가 있어야 상처는 새살로 채워지고, 영혼은 "햇볕에 퍼지는 꽃잎처럼" 밝아진다는 것이다. 우리 인간에게는 잃어버린 본심이 있다는 것을 알리기 위하여 민족의 경전 『삼일신고』에서도 "네 스스로의 성품 속에서 씨를 구하라. (하느님은) 네 머릿골에 이미 내려와 계시니라(自性求子 降在爾腦)"라고 말했던 것이다.

  바야흐로 인류는 인공지능시대를 맞이하여 물질문명이 최고조에 다다른 시기를 맞이하였다. 이 시기에 우리 인류에게 진정 필요한 것이 무엇인가를 깊이 새겨볼 시기가 도래한 것이다. 구 시인은 이 시집의 많은 시들을 통해 '잃어버린 본심'을 회복하는 일에 많은 노력을 기울이고 있음을 알게 해준다. 임마뉴엘 칸트도 『실천이성비판』을 통해 "생각할수록 감탄과 놀라움으로 나의 마음을 충만하게 하는 것이 두 가지가 있다. 하나는 나의 머리 위의 반짝이는 '하늘'이며, 다른 하나는 내 마음속에 늘 살아있는 '양심'[도덕률]이다."라고 하면서 인간이 지닌 본래의 마음을 강조하였다. 알고 보면 인간의 개인적 에고를 넘어선 그 자리에 무극과 태극이 있고, 무위자연의 도가 있으며, 한님의 위대한 신성이 함께한다는 사실을 과거 성인현자들은 누누이 말해왔던 것이다. 구 시인의 다음 시들은 바로 그 신성에 다가서려는 의지의 표상으로 감상할 수 있을 것이다.

    길이 끝났을 때 / 종점을 만난다 // 길을 버려야 / 진정한 삶이 시작된다는데 // 언제까지 동행할 것인가 // 함께하고도 좁혀지지 않는 관계가 / 수많은 간이역과 정거장을 만들어 놓았다 //

종점은 어디 // 길은 끝나도 / 집으로 가는 막차가 / 나를 기다
린다.　　　　　　　　　　　　　　　　－「종점」전문

촛불을 켰다. / 연기 없이 타는 어둠 냄새 / 고향의 강 물비린
내 같다. / 창문은 닫혀 있고 바람도 없는데 / 까무룩이 흔들리
는 촛불 / (중략) / 추위에 곱은 아이의 손가락같이 / 꼬물꼬물
몸부림치는 촛불 / 어둠을 찍어 / 봄날을 약속한 당신께 연서를
쓴다. / 부디 향기롭기를.　　　　　　　　－「촛불」일부

갓 부화한 송사리 / 머리보다 큰 눈알을 굴리며 / 떼 지어 헤엄
친다 // 강과 한 몸이 되어 / 흘러가되 아주 흘러가지 않는 것 /
(중략) / 거슬러 오르는 것은 / 머리가 아니라 꼬리 / 모천의 냄
새를 기막히게 맡는 / 지느러미다.　 －「꼬리에 대한 고찰」일부

위의 「종점」은 집을 향하여 돌아가는 모습을 그려낸 작품이
다. "함께하면서도 좁혀지지 않는 것은 무엇 때문일까?"라는 명
제를 내놓으면서 길을 버려야 진정한 삶이 시작된다는 사실을
알리고 있다. 지하철이든 기차든 '종점'에 도달했어도 아직 집
으로 가는 막차가 남아있다는 사실과 "길을 버려야 / 진정한 삶
이 시작된다"는 시적화자의 진술은 매우 밀접한 관계임을 알
수 있다. '집'은 본래 내가 태어난 본향이며 꼭 돌아가야 할 고향
임을 암시하는바, 여기로 돌아가기 위해서는 이제껏 길들여진
무지와 아집의 편견을 벗어나야 함을 말하고 있는 것으로 보인
다. 이 시에서 '집'은 곧 화자가 도달하고자 하는 '잃어버린 본심'
을 은유한다 할 것이다. 그런 점에서 구 시인의 이번 시집에서

강, 모천母川, 고향, 당신, 엄마 등의 시어들은 '집'과 더불어 하나의 범주로 엮어지는 단어들이라 할 것이다.

위의「촛불」과「꼬리에 대한 고찰」에서 공통적으로 보이는 시어가 '강'이다. 시인은 어둠 속 촛불에서 '고향의 강 물비린내'를 떠올리고 있다. "꼬물꼬물 몸부림치는 촛불 / 어둠을 찍어 / 봄날을 약속한 당신께 연서를 쓴다." 은유는 이렇듯 실제보다 더 아름답게 다가올 수 있구나. 문학에서 상상은 사실을 더욱 사실답게 그려내는 힘을 지니게 한다. 시인은 어둠 속 흔들리는 촛불을 통해 어린 시절 고향의 물고기들을 떠올리고 있다. "꼬물꼬물 몸부림치는 촛불"로 어둠을 먹물 삼아 찍어내고 "봄날을 약속한" 그리운 당신께 쓰는 연서의 내용은 어떤 내용일까? 긴 아픔 끝에 봄날을 예감하며 "생각마다 푸른 잎이 돋는다"고 표현하는 것으로 보아, 시인의 마음속에서 "꼬물꼬물 몸부림치는 촛불"은 이미 어린 시절의 '고향의 강' 건강한 송사리 모습으로 되살아나고 있다.

「촛불」과 「꼬리에 대한 고찰」을 통해 시인이 말하고 싶은 것은 이미 드러난 셈이다. 갓 부화한 송사리가 머리보다 큰 눈알을 굴리며 강과 한 몸이 되어 사는 법을 익히더니, 송사리들은 머리가 아닌 온몸(꼬리지느러미)으로 모천의 냄새를 기막히게 맡는 능력을 소유하게 되었다. 아무리 멀리 떨어져 있어도 그들은 고향의 물비린내를 잊지 못하고 산다는 것이다. 이는 앞의 시「종점」에서 "길을 버려야 / 진정한 삶이 시작된다"라는 표현에서 암시하는바, 내 에고의 무지와 아집의 편견을 버리게 되면 어디 간들 발길 닿는 처처가 바로 집이요, 고향이 된다는 내용과 다르지 아니하다. 연어가 모천의 물비린내를 잊지 않고 찾아오듯이, 알고 보면 인간의 삶 또한 이와 마찬가지임을 알게 된다. 무지와 아집에 가려 자기 본래의 '참나'를 잊고 사는 듯해도, 인간은 사실 '참나'를 항상 부리며 살아가고 있다. 편견을 내려놓고 인간의 본래 성품을 만나는 자리가 곧 진공의 텅 빈 자리 '공적영지'의 자리인 것이다. 이 자리에서 보면 송나라 청원유신선사가 말한 "산은 산이요, 물은 물이다."의 세계를 얻게 되는 것이다. 긴 수행의 기간에는 "산은 산이 아니고, 물도 물이 아니"더니, 편견과 선입견이 사라지고 마침내 사물과 '나' 사이에 티끌(망념)이 사라진 선禪의 세계가 열리게 된 것이다. 위의 시 「꼬리에 대한 고찰」에서 송사리가 강과 한 몸이 되어 움직이는 세계가 바로 '잃어버린 본래 마음'을 찾고 살아가는 고향의 세계라 할 것이다.

 약으로 안 듣는 / 독한 고뿔이나 / 온 삭신이 쑤실 때 // 고향 집 / 펄펄 끓는 아랫목에 누워 / 등짝을 지지고 나면 거뜬해지듯 // 어떤 말도 위로가 되지 않는 / 서글픈 쓸쓸함이나 / 쓰디쓴 괴로움 끓어오를 때 // 엄마 같고 고향 같은 / 당신께 기대 / 마음 지지고 싶다 // 그런 간절한 은유가 내 몸에 산다. -「그리운 은유」

 내 가슴 속 / 적멸보궁 한 채 / 앉히러 간다 // 백팔번뇌 일거에 태워버릴 / 눈부신 환멸 // 엎드려 떨며 / 낙뢰 맞은 나무처럼 타버린 / 마음자리 // 확철대오라 하던가 / 산을 깨우는 / 풍경소리 같은 말씀 얻고자 // 천종산삼 찾아 / 험산준령을 누비는 심마니처럼 / 새벽보다 먼저 깨어 외친다 // 네 사랑 진신사리 / 심봤다!
　　　　　　　　　　　　　　　　－「적멸보궁」

위 두 편의 작품도 앞에서 거론한 '잃어버린 본래 마음'을 찾아가는 내용이다. 같은 내용이지만 표현의 묘에서는 한 걸음 더 나아간 심화된 내용이라 할 것이다. '고향 집'을 그리워하는 「그리운 은유」는 '집으로 가는 막차'를 기다리는 앞의 시 「종점」과 유사한 내용이다. 허나 문학적 기교로 보면 「그리운 은유」는 새롭게 다가오는 즐거움이 있다. 마지막 6연 "그런 간절한 은유가 내 몸에 산다."가 덧붙으면서 1연에서 5연까지의 고향 집 풍경은 액자 속에 담기는 한 편의 그림이 된다. 이 시의 제목 '그리운 은유'도 6연에서 끌어내었다. 결국 내 몸은 그림을 품은 하나의 액자가 되는 셈이고, 고향을 품고 싶은 내 간절한 마음은 액자 속 뜨거운 심장이 되는 셈이다. 내 몸에 항상 "고향 집 / 펄펄 끓는 아랫목"이 들어와 있고, "엄마 같고 고향 같은 / 당신"을 품고 산다면 그런 사람은 얼마나 행복할까? 문학적 기교를 제대로 발휘하여 사용하니 은유가 온전히 살아 실감나게 다가온다. 자연스럽게 풀려나온 문학적 상상력은 사실을 더욱 사실답게 만들어내는 힘을 지닌다 할 것이다.

위의 「적멸보궁」은 '법흥사에서'라는 부제가 붙어있는 작품이다. 잃어버린 본심을 찾아 떠나는 시인의 마음을 헤아리게 한다. "사람이 닭과 개가 도망가면 찾을 줄을 알되, 마음을 잃고

서는 찾을 줄을 알지 못하니, 학문하는 방법은 다른 것이 없다. 그 방심(放心, 잃어버린 마음)을 찾는 것일 뿐이다."[4]라는 맹자의 말을 떠올리게 한다. 이제 남은 생에서 딱 한 가지 남은 일이 있다면 "내 가슴 속 / 적멸보궁 한 채" 들어앉히는 일일 뿐이다. 백팔번뇌를 일거에 태워버리고 "눈부신 환멸"을 맞이할 도리는 어디서 구할 것인가. "엎드려 떨며 / 낙뢰 맞은 나무처럼 타버린 / 마음자리" '색즉시공 공즉시색'의 그 자리다. 시인은 이제 천종산삼을 찾아가는 심마니가 되었다. 마침내 발견의 기쁨 속에서 화자는 새벽보다 먼저 깨어 외친다. "네 사랑 진신사리 / 심봤다!" 얼마나 외치고 싶었던 표현일까? 시인은 자기내면을 향하여 통쾌하게 외친다. 우리가 사는 현상계가 무상無常하며 자신의 존재도 무아無我라는 것을 알게 되면 비로소 '참나'(무극, 태극)를 만나게 된다. '잃어버린 마음'을 찾게 되는 것이다. '참나'는 텅 빈 것이나 그 텅 빈 것 속에는 본유종자(근본원리)로서의 '상相'이 들어 있으니, 이름하여 '보리심'이라 할 수 있을 것이다. 끝 연 "네 사랑 진신사리 / 심봤다!"라는 표현은 텅 빈 '적멸보궁'의 상을 은유적으로 표현한 절묘한 시어라 할 수 있을 것이다.

> 삼백 살 느티나무 / 단풍드는 것 좀 봐 // 잎마다 연지곤지 / 붉은 루즈를 칠한다 // 연두 피던 봄보다 / 설레는 나무 // 촛불 앞에 신부처럼 / 하현달 아래 스르르 옷 벗고 / 나목이 되겠지 // 겨울 밤 / 흰 눈을 덮고 / 흐엉흐엉 소리 내며 들썩이겠지.

---

4) "人有雞犬放則知求之 有放心而不知求 學問之道無他 求其放心而已矣" 『맹자』「고자상」

- 「가을 느티나무」

　깨달음의 기쁨을 묘사하는 시인의 힘은 직관과 상상력에서 나온다. 터져 나오는 그 기쁨의 순간을 "심봤다"라는 표현으로 여실하게 그려내었다면, 위의 시 「가을 느티나무」는 자기존재의 진정한 의미를 비로소 발견하고 '가을 느티나무'의 저 깊은 땅 속 뿌리로부터 올라오는 존재의 기쁨을 형상화한 작품이라 할 수 있을 것이다. 시인은 단풍 든 '삼백 살 느티나무'를 바라보며 상상력을 발휘한다. 삼백 살 고목의 느티나무가 얼굴단장을 하고 때늦은 시집을 가더니, 마침내 잡다한 망상들 다 내려놓고 겨울 밤 지상 최고의 청정한 신혼이불을 덮었다. 삼백 살이라는 수식어는 길고긴 수련의 기간으로 보아도 좋을 것이다.
　"촛불 앞에 신부처럼 / 하현달 아래 스르르 옷 벗고 / 나목이 되겠지" 이쯤 되면 딱 '색즉시공 공즉시색'을 붙여도 어울리는 표현이다. 텅 비우고 나면 눈앞의 현상계가 존재의 비밀을 드러내고 스스로 스르르 다가온다. 존재의 비밀이 현현하는 순간을 묘사한 표현이다. "겨울 밤 / 흰 눈을 덮고 / 흐엉흐엉 소리 내며 들썩이겠지" 언어로 표현하기 힘든 적멸보궁 공적영지의 귀향 순간을 시인은 상상력을 동원하여 그려낸 것이다. 특히 '흐엉흐엉'이라는 울음소리는 존재의 뿌리를 캐고자 하는 인간의 깊은 열망을 실감나게 그려낸 탁월한 표현이라 할 수 있을 것이다.

4. "사라지는 것들을 사랑해야지"

'색즉시공 공즉시색'은 대승불교의 주요 경전의 하나인 『반야심경』의 핵심 내용이다. 색色은 인연 작용에 의하여 끝없이 변화하는 현상계를 상징하며, 공空은 시간과 공간을 초월한 세계로 불생불멸의 절대계를 상징한다. '색'은 고정불변의 실체가 없이 인과관계로 끝없이 변화하기에 '색즉시공'이라는 것이며, '공'은 텅 비어 있는 듯 보이나 사실 그 텅 빈 '공'에는 본유종자[음양오행]가 내재되어 있고 현상계가 그 근본원리에 따라 운행되는 것이기에 '공즉시색'이라는 것이다. 그런즉 공과 색은 본래 분리할 수 없으며 항상 동전의 양면처럼 결합하여 움직이기에 '색불이공 공불이색'이라고 한다.

색과 공이 다르지 아니하기에 춘하추동, 성주괴공, 생로병사, 생장수장 등 무위자연으로 펼쳐지는 인과의 현상 속에서 하늘의 비밀[천명]이 찾아지는 것은 당연한 이치라 할 것이다. 자연에서 펼쳐지는 음양오행의 근본원리를 인간사의 이치로 바꿔보면 유교의 '인의예지신', 불교의 '육바라밀'로 표현된다. 여기서 '음양오행'은 한마디로 균형과 조화요, '인의예지신'은 인仁이요, '육바라밀'은 보리심菩提心이라 말할 수 있을진대, 결국 우주운행의 원리는 '사랑'이란 말로 함축된다.

> 조약돌은 / 바다의 맹세 // 파도를 만나 노래한다 / 썰물의 토닥임이랴 / 밀물의 사랑이랴 // 수수만년 / 닳아 없어질 때까지 / 손 놓지 않겠다는 약속 // 조약돌은 바다의 사리.

- 「조약돌」 전문

위의 시 「조약돌」에는 우주운행의 이치가 담겨 있다. '바다'는 우주자연을 상징한다. "조약돌은 / 바다의 맹세"에서 '맹세'라는 단어가 사용된 것은 바다는 항상 어떤 원리를 지니고 움직인다는 사실을 암시한다. 조약돌에게 파도는 끝없는 아픔으로 다가오지만, 알고 보면 이 아픔에는 '신의 눈짓'이 담겨 있다. "썰물의 토닥임이랴 / 밀물의 사랑이랴"가 바로 신이 보내오는 구체적인 정보라 할 것이다. 신은 바다[우주자연]를 통해 "수수만년 / 닳아 없어질 때까지 / 손 놓지 않겠다는 약속"을 지킨다는 것이며, 그 약속의 결과물이 '조약돌'이라는 것이다. 하나의 거친 돌덩이가 끝없는 파도 속에서 하나의 조약돌로 변해가는 모습은 음양오행으로 굴러가는 우주의 현상을 상징하며 동시에 길고긴 수련 끝에 마침내 참사랑의 인격을 이루어가는 삶을 상징한다. "조약돌은 바다의 사리" 우주운행의 핵심정보를 담고 있는 것이 곧 조약돌이며, 둥글고 원만한 조약돌의 비밀은 우주운행의 변치 않을 약속 곧 '사랑'을 상징한다. 결국 이 시 「조약돌」은 '음양오행'이라는 우주운행의 근본원리는 '사랑'이라는 사실을 암시하는 작품이라 할 수 있을 것이다.

바다가 한결같이 푸르고 / 영원한 이유는 // 제 몸을 치며 / 사력을 다해 부서지는 파도의 / 통증 때문 아닐까 // 하루에도 수십 번 넘어지고 깨져 / 시퍼렇게 멍드는 청춘처럼 / 바다는 젊고 싱싱한 모습으로 / 부활하는 것인데 / (중략) / 흐르는 바다 / 떠 있는 섬 / 영원과 순간이 구별되지 않는다.
― 「흐르는 바다」 일부

　물결은 마음을 흔들고 / 수심 밖으로 밀어내는데 // 넘어지지 않으려고 버티는 / 안간힘의 기울기가 / 저 바다로 나를 싣고 가는 / 그리움의 푯대다 // 당신을 흘러가는 나는 / 마음도 무게도 가질 수 없는 / 하얀 종이배. ― 「종이배」 일부

　구연배 시인의 시에는 바다를 소재로 한 작품들이 많은 편인데 이번 시집도 예외가 아니다. 그의 시에서 바다는 치열한 삶의 현장을 의미한다. 두 편의 시 「흐르는 바다」와 「종이배」에서는 앞에서 살펴본 「조약돌」의 주제를 좀 더 구체적으로 그려낸다. 「흐르는 바다」에서 화자는 바다가 영원히 푸른 이유를 사력을 다해 부서지는 파도의 통증이 있어서라고 말하고 있다. 깨어지면서도 다시 일어서는 바다의 젊음이 바다가 매일 부활하는 비결임을 강조한다. 그러나 좀 더 자세히 들여다보면 이 시에서 시인이 말하고자 하는 건 따로 제시되어 있다. "흐르는 바다 / 떠 있는 섬 / 영원과 순간이 구별되지 않는다." 시인은 영원과 순간을 하나의 덩어리로 파악하고 있음을 알 수 있다. 시의 앞부분에서 바다가 영원히 푸른 이유를 순간적으로 부서지는 파도의 움직임에서 찾고 있음을 보여주고 있는데, 이와 같이 불변과 변화, 영원과 순간을 하나로 보는 것에서 시인의 대승적 관점이 읽혀진다.

「조약돌」과 「흐르는 바다」가 육바라밀의 '정진'을 보여주고 있는데, 「종이배」 역시 끝없는 수련의 자세를 그려내고 있다. 바다의 규모와 비교되지 않을 가볍고 조그만 '종이배'를 내세워 화자의 연약한 처지를 보여준다. 그러나 반면 인간의 마음은 우주도 품을 수 있는 너넉함을 지닐 수도 있다. "넘어지지 않으려고 버티는 / 안간힘의 기울기가 / 저 바다로 나를 싣고 가는 / 그리움의 폿대다" 이러한 표현에서 넘어지지 않고 중심 잡는 그 자리가 바로 바다와 하나가 되는 '중화中和'의 세계요, '참나'와 합일하여 육바라밀을 실천하는 세계라 할 것이다. "당신을 흘러가는 나는 / 마음도 무게도 가질 수 없는 / 하얀 종이배." 여기서 마음도 무게도 가질 수 없다는 표현은 편견을 떨쳐버리고 텅 빈 공의 세계를 지향하는 화자의 의지를 떠올리게 한다. 가벼워진 '나'는 비로소 '당신'을 흘러 다닐 수 있고, 현상계의 끝없는 아픔 속에서도 '참나'와 접속하여 중심을 잡고 살아가는 실존적 존재가 될 수 있다는 것이다. 현상계의 아픔도 '참나'의 작용으로 바라보며 긍정적으로 수용하는 낮은 자세에서 구연배 시인이 추구하는 대승철학의 미덕이 그의 시들에서 발휘되고 있음을 확인할 수 있다.

　　사람은 사람끼리 / 짐승은 짐승끼리 / 저들만의 언어로 소란하다. // 숲에 가보아라 // 나무는 나무끼리 / 풀은 풀끼리 / 해 뜨면 해를 잡고 바람 불면 바람을 잡고 / 지금 여기에 인연을 껴안고 / 고요를 잉태하고 있다 // 소동이 아니다 / 불통의 고함이 아

니다 // 고요는 이종의 마음들을 이어주는 자연어 // 나비를 부
르는 꽃의 합창 / 짝을 찾는 새들의 노래 / 이 아름다운 소리로
맑게 / 세상은 눈부셔간다 // 소란이 달콤한 밀어로 들릴 때 //
당신도 세상의 한 부분으로 / 당당히 반짝일 것이다.
ー「아름다운 소란」 전문

가로등 불빛에 / 줄줄이 매달린 빗방울 // 비는 / 달궈진 지붕
을 적시고 / 풀잎 두드리는 소리는 푸르다 // 모여서 흘러가는
강물 / 섞인다는 것은 / 한 마음이 된다는 것 // 비는 초록이고 /
초록은 숲이다 // 뿌리를 적시는 생명 소리 / 원초적 빅뱅소리.
ー「빗소리」 전문

위 두 편의 시에서 시인이 추구하는 궁극의 세계가 어떤 세계인지 드러난다. "숲에 가보아라 … 지금 여기에 인연을 껴안고 / 고요를 잉태하고 있다"(「아름다운 소란」)와 "모여서 흘러가는 강물 / 섞인다는 것은 / 한 마음이 된다는 것"(「빗소리」)의 내용이 그러하다. 수많은 이종들이 어울려 살고 있다고 하면서 "인연을 껴안고 / 고요를 잉태하고" 있다는 시인의 표현이 매우 창조적인 발상으로 다가온다. 어두운 새벽의 숲을 떠올리면 이런 발상을 떠올릴 수 있을 듯하다. 모두 어울려 있으면서도 고요하고, 날이 밝으면 각자의 일을 부지런히 해나가는 숲속 풍경은 만유가 평등하고 조화롭게 살아가는 삶의 현장을 상징적으로 보여주는 광경이라 할 것이다. 숲속의 모든 존재들이 '고요'를 잉태하고, 이 잉태된 '고요'에서 만유의 다양한 목소리가 조화롭게 들

려오는 풍경은 우주자연의 절대신(음양오행의 진리)이 바라는 이상적 세계라 할 수 있을 것이다. 그래서 시인은 "고요는 이종의 마음들을 이어주는 자연어"라고 강조하고 있으며, 이종들의 다양한 목소리를 '아름다운 소란'이라는 반어적 표현으로 이름을 붙여준 것이라 하겠다.

「빗소리」의 "가로등 불빛에 / 줄줄이 매달린 빗방울"은 우주 만유가 따로따로 분화하여 탄생하는 듯한 장면을 연상케 한다. 그러나 만유는 모여서 결국 하나가 된다는 사실을 강물로 비유하여 말하고 있다. "섞인다는 것은 / 한 마음이 된다는 것" 여기서 시인의 대승적 세계관이 확인된다. 모든 존재는 하나가 되어 '바다'를 이루게 된다. "뿌리를 적시는 생명 소리 / 원초적 빅뱅 소리" 여기서 '뿌리'는 앞의 시 「아름다운 소란」 '고요'를 연상하게 하고, '고요'는 만물을 탄생시키는 태극의 자리 '공적영지空寂靈知'를 떠올리게 한다. 공적영지라는 태초의 자리가 없이 원초적 빅뱅 소리는 터져 나올 수 없기 때문이다. 이쯤 되면 온 바다에 달빛이 반짝이고 있는 해인삼매의 바다를 연상할 수 있지 않겠는가? 「빗소리」는 가로등 불빛에 매달린 빗방울 하나에서 원초적 빅뱅소리까지 자연스럽게 끌어올리는 시인의 상상력을 잘 보여주는 작품이다. 문학이 지닌 원초적 힘을 느끼게 하는 수작이라 할 것이다.

진정한 노래는 / 위로하는 힘이 있다. / 들숨이 되어 / 무릎을 꿇고 가슴을 치며 / 그렇구나, 그런 것이로구나 하며 / 같이 울면 힘이고 / 그리 아니어도 어깨춤 가락이 된다. / 숲속의 새 / 제 흥에 겨워 울지 배워서 울겠나. / 내가 나를 다독이며 / 슬픔도 외로움도 혼자 삭히며 / 사막의 뇌조처럼 / 사라지는 것들을 사랑해야지. / 저녁놀에 날개를 펴고 / 모래 산에 올라 / 무너지지 않는 기억들을 자축해야지. － 「뇌조의 노래」

"진정한 노래는 / 위로하는 힘이 있다." 진정한 노래에는 사랑이 있어야 함을 말한 것이다. 이어서 시인은 슬픔도 함께하면 어깨춤 가락으로 이어진다고 한다. "숲속의 새 / 제 흥에 겨워 울지 배워서 울겠나." 배우지 않고도 제 흥에 겨워 울 줄 아는 새를 통해 시인은 인간의 본래 마음을 떠올린다. 잃어버린 본심을 찾아 활용해야 함을 말하고 싶은 것이다. 시인이 시를 쓰는 이유는 사람이 살아가는 이유인 천명天命 즉 '인의예지의 실천'과 다를 수가 없다. 동양의 철학에서 음양오행은 곧 신의 형상이다. 유교의 '인의예지신'과 불교의 '육바라밀'은 결국 음양오행의 다른 표현이다. 인공지능이 출현하고 과거와 다르게 인지가 크게 높아지고 있다. 그러나 물질의 혜택에 빠져 인간의 영성은 오히려 관심 밖의 일로 여겨지고 있다. 시인은 "슬픔도 외로움도 혼자 삭히며"라고 하면서 자기성찰이 필요함을 말하고 있다. 그러면서 시인은 이 시의 주제인 '사랑'을 다시 불러온다.

"사막의 뇌조처럼 / 사라지는 것들을 사랑해야지." 사라진다는 것은 변화의 양상을 말하는 것으로 이승의 현상계를 대표하는 언어라 할 것이다. 불변의 참나뿐 아니라 현상계의 아픔까지 끌어안는 '번뇌즉보리煩惱卽菩提'의 세계가 대승大乘의 정신이다. '참나'의 안주에 머물지 않고, 신(태극)[5)]의 형상(음양오행)을 닮고 인의예지(또는 육바라밀)를 실천하고자 하는 의지가 곧 사라지는 것들을 사랑하는 뜻이라 할 것이다. "저녁놀에 날개를 펴고 / 모래 산에 올라 / 무너지지 않는 기억들을 자축해야지." 시인은 '사라지는 것'에 이어 불생불멸의 무너지지 않는 '참나'(양심)를 말하고 싶은 것이다. 절대계와 현상계를 아우르고자 하는 시인의 대승정신이 잘 녹아있는 작품이다. 이제껏 내공을 다져온 구 시인의 시적 관심이 영역을 좀 더 확장하여 사회적 메시지를 담아내고 그리하여 '사라지는 것들'을 더욱 품는 쪽으로 나아간다면 한층 더 차원을 달리하는 문학세계가 열리리라.

 기후위기가 매우 위태로운 상황이고, 게다가 인공지능은 인류의 삶을 온통 바꿔놓을 태세다. 각자도생은 인류가 혼돈과 멸망으로 가는 가장 빠른 모습일 것이다. 물질문명과 함께 비례하여 인지가 발달하고 있는 이 시대에 인류가 살아남을 수 있는 유일한 길은 지구공동체의 실현이 아닐까? 음과 양의 불균형은 혼돈을 낳는다. 물질의 발달에 맞게 균형을 이룰 정신적 각성이 필요한 때다. 구연배 시인의 이번 시집 『아름다운 소란』은 인간의 본향에 대한 문예적 성찰을 깊이 있게 보여주고 있는 바, 이는 인공지능이라는 초유의 시대를 어떻게 맞이하고 영위

---

5) 윤홍식, 『중용, 양심경영의 지혜』, 봉황동래, 2017, 32쪽 인용 "음과 양을 헤아릴 수 없는 것이 하느님이다.(陰陽不測之謂神)" 『주역』「계사전」

해야 하는가에 대한 인문학적 소양과 대동소이한 주제라는 점에서 매우 고무적이다. 머리 위의 반짝이는 '하늘'과 마음속 늘 살아있는 '양심'이 자신을 감탄과 놀라움으로 충만하게 한다고 한 칸트의 말을 다시 떠올린다. 바야흐로 문명이 뒤바뀌고 있는 21세기, 인류의 고전들은 한결같이 동일한 메시지를 전하고 있음을 상기해야 할 때이다. 구연배 시인의 시「아름다운 소란」 뒷부분으로 이 글을 마무리한다.

나비를 부르는 꽃의 합창 / 짝을 찾는 새들의 노래 / 이 아름다운 소리로 맑게 / 세상은 눈부셔간다 // 소란이 달콤한 밀어로 들릴 때 // 당신도 세상의 한 부분으로 / 당당히 반짝일 것이다.

구연배 제10시집

아름다운 소란

인쇄 | 2025년 9월 18일
발행 | 2025년 9월 22일

지은이 구연배
펴낸이 서정환
펴낸곳 신아출판사
주소 전북 전주시 완산구 공북1길 16
전화 063) 275-4000
팩스 063) 274-3131
E-mail sina321@hanmail.net
출판등록 제465-1984-000004호
인쇄 · 제본 신아출판사

저작권자 ⓒ 2025, 구연배
이 책의 저작권은 저자에게 있습니다. 서면에 의한 저자의 허락 없이 내용의 일부를
인용하거나 발췌하는 것을 금합니다.
COPYRIGHT ⓒ 2025 by Koo Yeonbae
All right reserved including the rights of reproduction in whole or in part in
any form.
저자와 협의, 인지는 생략합니다.
잘못된 책은 바꿔 드립니다.

ISBN 979-11-94595-82-3 (C3810)

값 10,000원

Printed in KOREA

※ 이 책은 전라북도 관광문화재단 창작지원금을 받아 출간하였습니다.